每个人生来都是为了改变世界的。

同学们加油！

黑马区块链日本游学第一期

颠覆者

区块链如何改变
世界与未来

华少◎编著

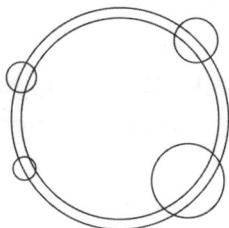

中国文史出版社

我们在用信用卡消费的时候，信息必须流经多台计算机，有些甚至还是比较古老的大型机，结算在几天之后才能做出来。为什么就不能实现实时交易呢？

我们隔着半个地球都能进行免费的实时通话，为什么不能以同样的方式进行转账呢？因此简化金融交易的需求应运而生，进而催生了 PayPal、Venmo、Square 和苹果支付这样的解决方案。

如今，公司企业都希望能够降低交易的费用，期待摒弃此类支付处理器和审查员，区块链技术进一步的颠覆指日可待。尽管第三方监管可带来增加了安全层的错觉，实际上在很多方面是多加了一层漏洞层，因为它引入了可能沦为某种攻击受害者的中间商。而点到点的交易则清除了该中间商，减少了信息从一个中介传递到另一个中介的风险。

零售业和制造业也做好了应对改变的准备。由于工业制成品很容易造假，因此它所存在的安全隐患是出了名的。高利润或者是奢侈商品，经常因其高标价和利润空间，最终沦为造假目标。区块链由于其去中心化的本质，其客观验证可以直达晶体管级别。

区块链能够确保供应链的完整性，只要有需要，每个晶体管或组件都能够很容易地被监视或恢复。试想一下，零售商能够在任何时候任何地方，精确标定位置和制造阶段，消费者能够通过公共账簿验证每一笔消费的真实性。

娱乐行业的改变则证明区块链将会带来巨大的改进——内

容分发和购买。比如我们在购买歌曲或电影的时候，就触发了一系列复杂的交易，导致主创人员所获得的利益远不及作品实际盈利。区块链能够使艺术家变为直销商，通过直接对接粉丝来获取经济利益。

另外，娱乐公司也能够用区块链来改善版权跟踪，使盗版难以生存。盗版大大降低了商品的价值，区块链实现公共账簿系统则能够跟踪所有内容来源，确保其价值不会受影响。

金融服务、制造业和娱乐行业只是区块链确保安全的众多案例中的 3 种。除此之外，几乎每个行业都能够借用区块链提升效率。但最终让区块链成功的，是安全。

区块链技术要想在常见交易中广泛应用，就必须要保证客户的安全。安全技术不能再是事后诸葛亮，它们不仅要融入我们所做的每件事，同时要给我们所做的每件事带来影响。无论区块链技术有多尖端，缺少安全作为基础，其创新的保质期肯定不会长。当我们徘徊在变革边缘的时候，只有安全，才是确保成功的唯一道路。

区块链作为一个新兴技术，具有去中心化、防篡改、可追溯等众多金融领域十分需要的特点。它能够实现多方场景下开放、扁平化的全新合作信任模型，而这些都是为了实现更高效的资源配置，具体来说就是为金融交易提供了有效的技术手段。在可预见的未来，区块链技术将会让人类商业社会在安全的基础上得到快速的发展。

新型数字货币，区块链技术在金融领域的实际应用之一，被认为具备了变革整个金融行业的潜力，引发了国内外广泛的研究讨论和实践。例如，英国央行正在研发利用分布式账本技术的下一代支付系统；中国人民银行组建了数字货币研究所，对于数字货币相关的技术和监管课题进行深入的研究；国际货币基金组织公开认可了区块链技术在清算和结算方面所具有的独特优势。

就如同梅兰妮·斯万（Melanie Swan）曾指出的那样，比特币和区块链包括三个层次的内容：区块链底层技术、协议和加密数字货币。区块链技术是点对点通信技术和加密技术的结合，基于区块链技术而生成的区块链，在本质上是一个去中心化的分布式账本数据库；在此数据库的基础上可以开发出数目繁多的应用，这些应用通过协议层面建立共识机制，以此来实现各种功能；在应用层面，客户能够实现无须中间权威仲裁的点对点的交互，这其中就包括比特币。

有的人用"组织形式上的去中心化和逻辑上实现完美一致性的技术"来形容区块链技术，有的人则用"下一代全球信用认证和价值互联网的基础协议之一"来阐述区块链的特点。

如今，全球正在掀起一股区块链的热潮。很多来自学术界和科技界的力量都投入到了区块链的开发和创业的行列中，因此诞生了一批很有创新意识的创业公司，成为 Fintech（金融科技）中一股非常重要的力量，截至 2015 年底，全球已经有超过 20 家顶级的金融机构、风险基金高调宣布参与各种区块链应用开发项目。

　　区块链技术带来了一场时代的变革，但我们也必须清醒地看到，目前区块链技术的发展在国际和国内都处于早期探索阶段，其各种技术方案和商业模式等都需要进一步探索和实践。

　　尤其是在我国，区块链仍然是一个全新的概念和理论，人们对其认知、研究和实践都处于起步阶段，想要在区块链领域积累足够的优势，走在世界的前沿，还需要得到足够的重视，付出更多的投入，除此之外，还需要理论研究者、网络技术者、金融从业者，以及政府监管部门进行积极投入和良性互动。

　　基于这样的大背景，本书从一个全方位的视角，从技术到应用以及对未来的展望，对区块链的各个技术点运用通俗的语言进行了阐述，给读者进行了通透的讲解，为读者拓展了新颖的思路，填补了国内关于区块链技术特点和应用分析的空白。

目录

第三章

区块链究竟是什么

第四章

区块链中的技术要素

第五章

区块链技术的应用场景

第六章

区块链技术引发产业革命

第七章

区块链技术的开拓者们

第八章

区块链时代的未来展望

第一章

横空出世的区块链

比特币的风行和"挖矿"热潮

琳琳是"好比特币"团队中，主要负责矿业运营和管理方面工作的，其团队所拥有的算力也在全体员工共同的努力下，从全球总算力的 2% 提升到了接近全球总算力的 6%，也就是说，在全世界有 100 个比特币被挖出来，其中就有 6 个比特币是他们挖出来的。

很多人听说比特币像金子一样可以挖的时候，都有过亲自挖一挖的想法，于是他们就会尝试配一台配置较高的电脑，然后用电脑下载一个挖矿软件。越来越多的人这样做，于是就掀起了一股"挖矿"的热潮。

那么，到底什么是"挖矿"热潮呢？在了解"挖矿"热潮之前，我们可以从了解比特币入手。

比特币是由中本聪在 2009 年时提出的一个概念，是一种通过计算机运算生产出来的虚拟货币，而不是生产线上制造出来的真实货币。

2009 年，在比特币刚出现的时候，其拥有的价值是很低的，最初价格为 0.003 美元一枚，然而，在短短数年间，比特币的价格一路猛涨，由一枚 0.003 美元涨到了一枚 869 美元，增长超过了 100 万倍，比特币因此被称为"史上涨得最快的货币"。

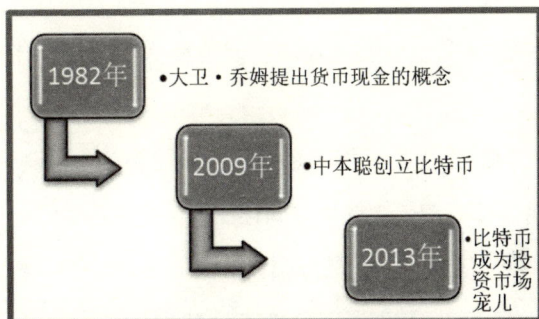

图 1-1　比特币的风行

2013 年，比特币的价格被抬高到了 1200 美元，成了投资市场的宠儿，让很多人投入到了比特币的行列中，无论是驰骋商场的富商，还是普通的平凡百姓，比特币在投资市场进入了几乎疯狂的境界。

当这种风潮延续到中国的时候，为了抑制比特币的疯涨，政府对其进行了干预。政府的干预打破了比特币近乎疯狂的繁荣景象，比特币的价格随之一落千丈。

然而，自 2017 年以来，比特币的价格又呈现了暴涨的趋势，8 月份，比特币的价格已经飙升了 50%，比特币的风潮再一次袭来。

2017 年 8 月 1 日 20 点 20 分，第一个 BCC 区块在中国的 ViaBTC 矿池中被挖了出来，这预示着底层数据结构区块链正式分裂，由此诞生的比特币现金成为第三大数字货币，并于次日开始进行交易。

随着交易的不断增加，比特币的价格再一次得到了大幅度的上涨，最高值达到了750美元，在这之后，比特币现金渐渐地回落，稳定在500美元左右，其价格大约是比特币价格的1/5。

由此可以看出，比特币是人们比较热衷的一种赚钱方式。那么比特币和"挖矿"热潮之间存在着什么关系呢？

所谓的"挖矿"，就是按照设计者事先设计的流程，做类似猜数字的游戏，猜对了就会生成新的比特币。

"挖矿"可以增减比特币供应，与此同时，还对比特币的系统安全起到了一个保护的作用，能够避免欺诈交易的产生。

区块链是一种记账方式，而比特币是一个点对点的支付系统，它的核心就是交易，通俗点说就是，你给我发一笔交易，我给你发一笔交易，而这些交易是需要有人记账的，就比如银行会帮助客户记账一样。在比特币挖矿的过程中，就是由矿工来记账的。

我们可以将比特币系统看成是一个不断更新的庞大账本。账本中的每一页都是一个区块，将其按照时间顺序链接起来，就成了比特币的区块链。在比特币区块链中，每隔10分钟就要新生成一个区块，这个区块中的内容是过去10分钟系统内发生的一些交易。每一笔交易都将被完整地记录在这个账本里，比特币就是账本里记录的钱。

作为记账的矿工，要先解一道和上一页账本相关的数学题，如何解这道数学题呢？过程非常的简单，就是不停地猜一个哈希值，这个哈希值就好比是买彩票中的大奖，没有任何的技巧和捷径，只要不断地猜就可以了。

在比特币的系统中，有这样的一个规定：负责记账的人，就会得到新生成的比特币，也就是猜猜题就能拿到钱，这么好的事情当然人人都去抢了，因此便引起了一股"挖矿"的热潮。

曾经通过比特币"挖矿"赚钱非常容易，拥有一台普通的电脑就能完成，在电脑上下载软件就能够自动"解题"。但是随着币价上涨，想要"解题"的人越来越多，所以每生成2016页账本，就会增加题目的难度。

2010年6月，有人买了40多张显卡，用显卡进行挖矿，建立了一个矿场，但由于没有及时地维护矿场，还没有挖到多少比特币，就因为亏损过大被迫叫停了。后来显卡也慢慢地无法解决这个问题，个人"挖矿"变得越来越没有优势，于是"矿池"就应运而生了。

所谓"矿池"，就是将大家拥有的算力集中起来，如果盈利了大家将会共同分得收益，就如同游戏组团一样。

接着，就出现了更加节约电的挖矿工具，北京某大学计算机系的某博士生开始靠卖设备赚钱，他的矿机芯片阿瓦隆效率相当于几百台电脑，2012年9月开始接受预订，2013年第一季度开始发货。

当时恰逢塞浦路斯经济危机，比特币价格上涨到了 266 美元，比特币挖矿工具市场火爆，这时就出现了"组装挖矿机就好像组装印钞机"的现象。有些人花 8000 元买到这名博士生的前 3 批 1500 台中的矿机，这些矿机则给投资者带来了巨大的利润。

比特币的风潮可能会一直延续下去，"挖矿"这个行业也会一直存在下去，据专业人士分析："未来挖矿会高度集约化，会有超大型矿场建成，分工也会更加细化，制造矿机、矿机运营、销售算力，大家都会去做自己最擅长的，而普通人会通过算力证券和标准算力交易所来参与挖矿。"

"挖矿"赚钱的技术原理

　　2017 年，比特币的行情暴涨，数字货币的价格可以说是相当可观的，这也让更多的人加入到了"挖矿"的行列中，如今的比特币已经不能通过显卡来进行挖矿了，但人们仍然可以通过 ETH、ZEC 这些技术获得额外的赚钱机会。那么，应该如何通过"挖矿"赚钱呢?

　　矿工们挖矿的工具就是自己的计算机，俗称"矿机"，只有让矿机具备超强的运算能力，才能够挖到足够的"矿"。

　　每一个矿工，通过破解客户端内的密码难题获得比特币，第一个破解的矿工会得到 50 个比特币的奖励，在这个时间点和上一个时间点之间的相关交易记录会被打包成一个区块，并且加入区块链当中。

　　当"矿工"不断增加的时候，难题的程度也会随之提高，大约每 10 分钟就会形成一个区块，当达到 21 万个区块的时候，奖励就会减少一半，也就是从 50 比特币减少到 25 比特币，接着从 25 比特币减少到 12.5 比特币，依此延续下去，直到 2140 年，将会达到比特币的上限——2100 万枚比特币。也就是说，全世界仅有这 2100 万枚比特币，不会再有更多的比特币了。

在挖矿的过程中，比特币账本采用点对点网络（P2P）和分布式数据系统的设计，从简建立一个全局共享的分布式记账系统，除此之外，比特币采用的是密码学的设计，能够让货币每一个流通的过程都得到安全保障，从而使拥有者能够真实地转移或支付比特币，同时，还能够保证货币所有权和流通交易的匿名性。

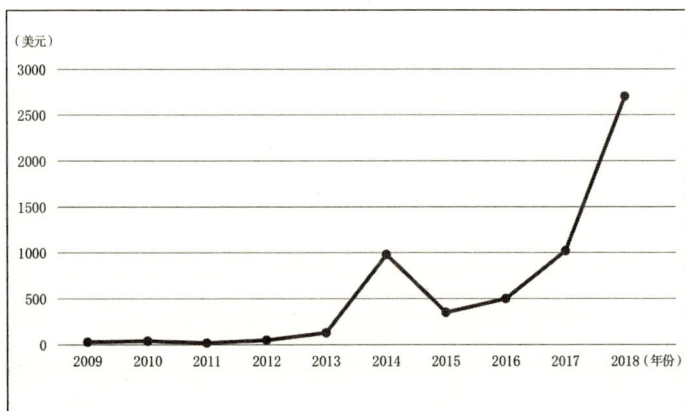

图 1-2　比特币十年价格走势图

在"挖矿"的过程中，如果你要给别人转账，需要向整个比特币网络系统发送一条信息，告诉网络你要给别人转账，之后你账户中的金额就会相应的减少，对方账户中的金额就会增加，比特币网络节点中的账户信息进行更新，新的交易信息传递到另外的节点。

比特币网络交易的模式让一组计算机共同保存一份账本这样一个系统，这个系统是以数字计算为基础的安全机制。

这种方式和银行保存账本的方式类似，都是由一组计算机来保存账本，而不是通过组织单一的实体来进行。就比如，在银行的交易中，交易的信息只有你自己知道，如果在交易的过程中出现错误，你是可以起诉银行的；而在比特币交易的网络里，交易信息是公开的，你每时每刻都在和陌生人打交道，所以在比特币的世界里是不能相信任何人的。

也就是说，在比特币的系统机制中，安全性是非常高的，我们不需要去怀疑任何一个人，特意设立的函数是确保系统中的每个方面都能正常运行的。在这个前提下，比特币是如何实现让一群陌生人去管理其他人的金融交易的呢？

举个例子，小宝要给小红转账的时候，他只需要向比特币网络中发送一条信息，信息的内容是账户和金额的信息，从小宝的账户转 6 个 BTC 给 B 账户，每个接收到这条信息的节点，就会更新他们的账户副本信息，这条交易信息会被继续传送。有的人可能会产生疑问，节点是如何能确定这条请求的信息是可以信任的呢？这是因为只有真正的拥有者才有权发送这条信息。

事实上，在比特币交易的网络中，有一套密码规则，这个规则叫作"数字签名"，其作用是解锁和管理货币交易，这就如同现实生活中的亲笔签名一样，通过一种数字算法实现，从而确保交易的真实性。

　　这种算法所起到的作用是防止数据复制或者伪造，它和静态密码还是有所不同的，就是每笔交易的签名是完全不同的。

　　因此，在比特币的网络交易中，只要你不把自己的密码泄露给别人，就可以放心大胆地和每一个人进行交易。

　　那么，数字签名的运作方式是怎样的呢？

　　在数字签名运行的过程中，有"私人密钥"和"公共密钥"这两个不同的密钥，它们之间有着紧密的联系。"私人密钥"是用来创建一个数字签名，我们可以将其看成是一个真正的密码，把数字签名当作是一个媒介，这样你不需要将密码展示出来也是能证明你有密码的。

　　"公共密钥"的作用是核对私人密钥，在比特币交易的网络中，其本质就是"发送至"地址，也就是当你向某个人转账的时候，就是将货币发送到对方的公共密钥。在消费的时候，必须要证明你是公共密钥的真实拥有者，想要证明这一点，可以通过交易信息和你的"私人密钥"生成数字签名实现。

　　网络中的其他节点在不同的函数汇中，利用这个数字签名能够对你公共密钥的身份进行核实。也就是说，通过对数字签名背后的数学算法进行分析，在不必看到真正的密钥的前提下，就能够核实发送人是否为公用密钥的真实拥有者。

　　这里需要注意的是，因为数字签名是由交易信息决定的，所以每笔交易信息的签名都会有所不同，且不能在另外一笔交易信息中重复使用，这也意味着没人能够修改交易的信息，这是由于当交易信息在网络中进行传送的时候，任何更改信息的行为都会导致数字签名失效。

在比特币交易的网络中，通过验证历史交易信息能够核实货币的所有权。就比如，小宝要给小丽发送 6 个 BTC，小宝必须要援引之前收到的这 6 个或者是更多的比特币的历史交易信息。这种被援引的交易记录被称作"进账"，网络中核实该交易信息的节点是会查看那些"进账"的，从而确保小丽是真正的接收者，并确保进账数额为 6 个 BTC 或更多。这些被援引的进账关系，能够让比特币的所有权在网络中以某种链条的方式进行传递。

这里有一个问题，就是我们应该如何相信之前的交易历史呢？

这不是一件能轻易相信的事情，而是需要验证交易当事人的进账的。实际上，当你开始安装比特币钱包软件时，这个软件能下载之前的每一笔交易记录，而且会验证每一笔交易的有效性，直到验证最开始的每一笔交易。

在比特币的交易中，要时刻谨记你在和陌生人打交道，这就需要你对于自己的每一笔交易都要进行谨慎的核实，这个过程需要花费 20 多个小时，在这之后的过程你就可以一劳永逸了。

因此，比特币的交易过程是一张信息量庞大的交易记录，所记录的是交易信息的方式，而不是记录账户余额的方式。

拥有比特币，意味着交易记录中的有些交易是和你的名字相关联的，而且这些交易并没有被消费，换句话说，就是被其他交易活动作为进账而援引。

比特币在 2009 年就已经出现，在 2013 年真正的火爆起来，发展到了今天，已经暴涨了近百倍。由此我们可以看出，比特币的升值空间是非常大的，但是也存在着一定的投资风险，这就需要我们有一颗强大的心脏，以此来应对它暴涨暴跌的走势。

区块链才是赚钱"原动力"

在金融领域，区块链成了一个"香饽饽"，无论是金融机构、技术公司还是普通的网民，都在迫切地关注着这项新技术，都希望凭借这个新兴的技术，迅速地积累起大量的财富。俗话说"猪在风口上都能飞上天"。可是怎么飞上天，却是一个值得关注的问题，也就是说，我们在利用区块链赚钱的时候，也要明白它为什么是赚钱的"原动力"。

区块链通过加密算法，在使用者中间达成共识，使其成为一台信用机器，并为使用者提供通信、交易、比价等方面的便利。随着时间的不断发展，区块链技术将会给交易效率、重构商业生态和生产关系带来重大的变革。

对于很多人来说，他们都希望利用区块链进行商业上的落地，或者是减少运营的成本，或者是产生新的商业价值。但他们对于区块链的定义却是非常局限——所谓的区块链，就是共享数据。

对于他们来说，合作伙伴们共同营造一套数据库，能够让合作方的数据变得更加透明，因而，对于他们来说区块链的本质就是一个降低数据沟通成本的工具。

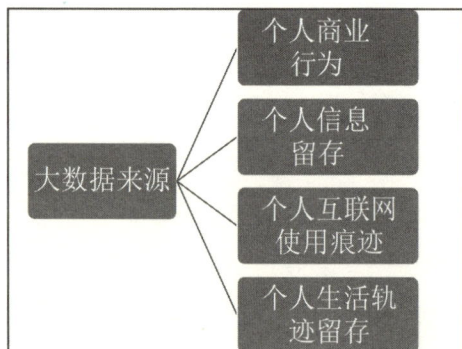

图 1-3　大数据时代的数据来源

　　其实，区块链除了创造简单的数据之外，还提供了一种新的、有趣的方式来将内容变现。比如，这些数据对于一个经营型企业来说，对吸引新客户留住老客户具有不可思议的价值。

　　实际上，一些分析专家认为，区块链用户每天产生的数据，从社交媒体到物联网，甚至是耐用的数据，本身都具有价值，因为它们是事实最好的证明。就比如，每天你可能生产7GB 的数据，它们是具有数百美元价值的。

　　这些数据在传统的平台是无法被货币化的，因此很多集中式的企业就开始寻找将内容转变为盈利的途径。

　　在区块链技术的支持下，消费者和卖家可以通过一种货币化的方式进行数据上的交换。区块链技术中的 P2P 网络系统提供了一个平台，这个平台是能够进行销售和购买数据的。

　　这种数据控制机制已经被很多公司所采用，并创建了一个系统。用户们可以将所有的个人数据导入到一个分散的分类账中，然后再从中选择将数据卖给平台的购买者。

Roger Haenni 是一家个人数据市场公司的联合创始人兼首席执行官，他认为，区块链技术允许安全存储的数据通过分散的方式收集个人的关键数据，外部控制任何大型实体，这是第一次创建一个分散的数据存储网络，允许任何人利用他们的数据而不被参与者控制。

乍一看，这貌似违背了买家的需求，但如果我们仔细思考一下，就会发现买家已经支付了很多数据，这样的平台将会允许他们继续购买，而直接和消费者一起进行购买的话，其额度就会少得多。

在市场活动中，人与人之间的交易总是在不完全被信任的状态下进行，这是人的"有限理性"和"机会主义行为"导致的结果。这样的交易状态导致市场价格信号失灵，交易者之间相互"欺诈"和"寻租"，产生不良的交易结果。

比特币和分布式账本技术产生之前，互联网的价值传递并没有获得人们的认可，因为它并没有很好地解决数字信息的可复制性以及电子现金的重复支付的问题。

我们想要减少风险，只能采用点对点近距离的实物价值交换，或者是采用中心化的信用创造方式，让具有公信力的第三方作为一个集权中心，来跟踪或者是验证所有交易的真实性，例如政府或者是银行。而区块链则从本质上改变了这样中心化的创造信用的方式，采用人们在数字上的共识，创造出一套数学算法，通过这套数学算法完成信用的创造。实现了在没有第三方信用中介介入的情况进行经济活动，减少了烦琐的机构服务体系的限制，通过低成本就能完成价值转移。

区块链中的分布式账本能够将不同节点、区域和机构中所有的交易记录都保存下来，得到授权的参与者都会保存一份完全相同的账本副本，如果原始账本上的内容进行改变的话，其副本数据也会在几分钟之内甚至几秒钟之内全部修改完毕。

分布式账本实现了可靠且不可逆的数字信息传输，而且由于分布式账本中的每一笔记录都是独一无二的，也能够避免重复支付现象的发生，这就能够保证交易能够在安全的环境下进行，安全的环境为赚钱提供了良好的空间。

2015 年 10 月，著名信用卡组织 Visa 和电子签名初创公司 DocuSign 合作推出了利用区块链技术打造的汽车交易和租赁平台。

这个平台简化了汽车买卖和租赁的流程，人们通过"点击查看、合约签署、提车"三个步骤就能完成汽车交易，与此同时，汽车的信息以及汽车的交易信息也是完全透明和公开的。顾客选择的车辆以及保险，以及后来签署的合约、支付信息都会在区块链上自动记录和更新。

这比由中介机构来进行处理要简化得多，传统的中介，需要进行汽车购买或是租赁的复杂烦琐的保险评估、贷款申请的过程，而将这些过程完全数字化以后，客户在移动终端上就能够轻易地完成交易，不必付出更多的业务成本。

区块链系统的分布式账本为价值属性和相关交易数据等能够在互联网上进行安全的转移、记录和存储创造了基本的条件，用户能够在上面进行低成本的信息搜寻，还可以重复使用交易记录，但不要随意篡改，可以实时更新分发高度可信的数据库。就比如，在跨行交易清算的时候，区块链技术通过数字加密的算法对每笔交易进行实时、透明和准确的呈现，从而减少了跨行验证费用和协调费用，还能够减少事后高昂的审计费用。

由此可以看出，区块链是超级安全的系统，是一个信任的机器，在这样的前提下，才成为了赚钱的"原动力"。

密码朋克爱好者的创举

《密码朋克宣言》中说："在电子信息时代，个人隐私在一个开放的社会中是必需品。我们不指望政府、公司或者其他什么组织来承诺我们的隐私权。我们必须保护我们的隐私。必须有人站出来做一个软件，用来保护个人隐私……我们计划做这样一个软件。"

由于互联网的兴起，电子邮件就成了人们普遍使用的通信手段，人们都热衷于这种方便快捷的通信方式，但是却很少有人注意到它的安全问题。

在阿桑奇和约翰·扬看来，互联网是一个相对比较自由的，但是由于受到政府的监控，就使其变成了一个非常危险的地区，让自己的电子邮件变得更加安全就成了亟待解决的问题。

加密技术一直是局限于军事和情报领域的，直到 20 世纪 70 年代，两部出版物的出现，才让加密技术在公共领域被广泛使用。

这两个出版物分别是由美国国家标准局在 1976 年公布的

《数据加密技术标准》(这个标准至今仍然被广泛使用)和惠特菲尔德·迪菲和马丁·赫尔曼同年出版的《新密码技术指南》(第一部关于密码技术的公共出版物)。

自此以后,人们开始公开讨论加密技术,并开始检验它的政治和社会后果,这些事情产生了很重大的影响。

密码技术可以很好地保护个人的隐私、政府以及企业的秘密,但它也有不利的一面,罪犯可以用它来隐藏自己的方案或者是利益。因此,这个问题从加密技术诞生的那一天起,就一直被争论不休。

20世纪80年代,针对密码存在的问题所产生的争论和思索汇聚成了一项运动,这也为"密码朋克"的诞生奠定了基础。

从狭义上来说,"密码朋克"其实是一套加密的电子邮件系统。

1991年,美国的菲利普·希默曼研发出了一种加密的产品,这个产品能够允许用户将文件安全地存储下来,并且在BBS上发表信息,这些电子文档是不会泄露和遭到篡改的。出于这个目的,菲利普·希默曼找到了公钥和对称密钥加密方法之间的均衡点,也就是今天的PGP。

PGP的工作原理是:假如用户A想要给用户B发送一些加密的信息,那么A就要找到B的公钥,B的公钥指的是B持有的密钥的一半,这个公钥中所有的信息无论是谁都能够从某个密钥的服务器看到,且能够下载。

用户 A 利用这个公钥把他所要传达的信息加密，接着通过正常的信息传输途径传送给用户 B，用户 B 再使用私钥对信息进行解密。

这个私钥除了 B 之外，其他的人都不知道，其他的人自然就不能解密这条信息了。即便在整个的传输过程中，有人窃取了这条信息，他也不能得到信息中的详细内容，在这种情况下，信息的安全就得到了保证。

PGP 技术一经问世，就受到了像约翰·扬和阿桑奇这样的人追捧，他们都争相用这项技术来保护自己的隐私。

1993 年，埃里克·休斯创作了《密码朋克宣言》，"密码朋克"一词首次出现在大众的视野里。

在这本书中，埃里克·休斯创建了一个名为"密码朋克邮件名单"的加密电子邮件系统，简称"密码朋克"，大概有 1400 人使用了这一电子系统，用户中的人大部分都是 IT 领域的精英，他们经常聚在一起讨论关于密码技术的相关事宜，推动了密码技术的发展。

他们经常聚在一起讨论数学、加密技术、计算机技术、政治和哲学等方面的问题，甚至包括一些私人问题。他们有的时候会相互投递一些垃圾，从而让对方的邮箱陷入瘫痪的状态，用这样的方式来展现他们的智慧、口才以及才能。

例如，阿桑奇曾经有过建立"维基解密"的想法，在他看来，人权活动家推动强大的游说集团，而游说集团又推动国会中虚伪的立法者，结果是，自由的本质变了味。或许，把这个链条缩短是个好主意。或许，让每个人都自由行事，率性而为，这个办法至少在荷兰很管用。

这封邮件的内容先表现了对真正自由和隐私保护的渴望，对政府干扰个人信息的行为表示出了蔑视的态度。

1789 年，美国国会通过了美国宪法第一修正案。在修正案中规定，国会不得制定关于下列事项的法律：确立国教或禁止信教自由；剥夺言论。

这次修正案对美国产生了巨大的影响，它为美国媒体享受自由奠定了基础。它几乎成了美国媒体或者是个人言论自由的护身符，被美国人称"美国生活方式"的主要内容。与此同时，这项修正案也为"密码朋克"活动提供了法律保障。

1995 年，加利福尼亚州大学的学生丹尼尔·伯恩斯坦在"密码朋克"成员的支持下，以关于国务院对有关加密技术源码出版物的出口管制的规定为题，向美国国务院提起了诉讼，最终的结果是他赢得了这场官司，对出版物出口管制的规定因此被废除。

"密码朋克"成员们的坚持，为区块链的发展做出了突出的贡献。

"密码朋克"的主要思想是以下几点：

第一，没有隐私就没有自由。

第二，隐私和秘密不是相同的一件事。隐私是我有一些东西，我不想让全世界都知道；而秘密是我有一些东西，我不想让任何人知道。所以密码朋客和黑客不是一回事儿：黑客是为了把你的秘密偷盗出来，而密码朋客是为了保护你的隐私。

第三，匿名通信系统和支付系统是保护隐私不可或缺的基础性设施。在《朋克宣言》中，明确地提出了构造电子支付系统的需要。这是在1993年就已经明确的密码朋克运动的一个重要宗旨。中本聪也是冲着这个目标往前走的，早在1993年的时候，就已经把这一切都宣告出来了。

第四，任何人类组织都是靠不住的，只有密码学是人类可以永远依靠的设备。

第五，任何人都不能阻止我们对于密码学的追求，我们要努力用密码学和代码创建一个安全、自由、隐私保护网络的世界。

这些思想也是区块链运动所推崇的精神。在区块链精神中，第一个精神就是对于密码学的推崇。在比特币社群里，人们不相信上帝，相信的是密码学和去中心化，这两者才是他们心中的上帝。

第二个精神是对于隐私的保护。在密码学的支持下，区块链技术有了强隐私权保护，就不再需要世俗的信任方式，可以免除信任方式的负担，通过密码学和去中心化来获得信任。

第三个精神是"共享、共识、共治"。共识即是价值，代码即是法律。

　　第四个精神是第三个精神是不可篡改、便于回溯。

　　密码朋克运动还带给了区块链技术一个重要的启示——技术是最关键的，只有拥有足够硬的技术，区块链的明天才是更加辉煌的。

"创世者"塞托西·中本聪

2009 年，一个名为"中本聪"的天才发明了比特币，吸引了人们的关注，如今，比特币已经成了经济领域中的一个奇迹，被应用到各种各样的经济活动中，更多的人关注到了比特币。

尽管比特币风靡全球，越来越多的人了解了比特币，但人们对于比特币的创始人——中本聪，却是一无所知。

很多媒体都曾试图揭开他的神秘面纱，这其中就包括《纽约客》和《新闻周刊》这两家具有强大影响力的媒体，然而并没有得出确切的结论。《新闻周刊》曾经声称的比特币创始人，否认了和密码学之间的联系，更别说是加密的货币了。

可以说，中本聪到底是谁已经成了 21 世纪最难解决的难题之一，这个答案不仅对加密爱好者这个小众圈子有着重大的意义，对于整个经济圈也产生着影响。

通过对密码领域的卧底，有记者得到了如下信息，虽然没有能够揭开中本聪的面纱，但也多少给了我们一些细节：

中本聪进入密码领域的时候，刚刚 30 出头，却取得了突出的成就、显赫的地位。

一、作为 PGP 加密创始人之一的哈尔·芬尼，曾经是中本聪的早期助手。

二、2011 年，维基解密宣布比特币的捐赠，赢得了很多人的认可。但中本聪却在论坛上发帖，他认为这不是一个好消息，建议阿桑奇不要接受比特币的捐赠。在这样的情况下，维基解密慢慢地淡化了这件事，由此显示出了中本聪对阿桑奇具有很大的影响力。

三、中本聪的地位比密码学货币的先行者大卫·乔姆要高很多。大卫·乔姆在数字现金的历史上取得了突出的成就，提出了密码学网络支付系统，是阿姆斯特丹数学与信息科学中心的密码学研究组的负责人，当时的业内人士估计他是这个领域的世界前五。而中本聪所取得的成就却要比他高得多。

而中本聪之所以取得如此高的地位，是因为他行事缜密细致，并且有着超高的智商。

在比特币刚刚诞生的时候，人们对于比特币的诞生产生了一些误解，但中本聪并没有做出任何解释。这一点在白皮书《比特币：一种点对点的电子先进系统》中可以体现出，这本书中没有提到"货币"这个词，只是存在性地证明了一下，在创世区块进行了暗示。直到几年之后，社区开发者才意识到了区块链的深远意义。

无论和谁交流，中本聪都会使用 PGP 加密和 Tor 网络。比特币基金会首席科学家加文·安德列森曾经说过："很多人都冒充中本聪给他写信，但都被他轻易地识破了，原因就是他们并没有使用 PGP 密。"

在和合作伙伴进行交流的时候，中本聪也不会将自己的个人信息透露出来，在分配任务的时候，中本聪也只是进行简短的邮件交流。

在白皮书和社区发的言论活动中，中本聪会对身份进行伪装，将自己的个性化特征隐藏起来，进而给人们一个错误的引导。例如，伪装英式拼读和格林威治时间的作息规律；在论文"WE"的第一人称，使用的是生僻的科技术语；模仿密码学的写作风格，反复使用"of course"无逗号隔离等等。这些方法都帮助他很好地隐藏了自己的身份。

中本聪不仅行事谨慎缜密，在密码学方面所取得的成就也是非常突出的。

他在密码学中所发明的计算，很多人都认为是错误的，然而经过证实，它们全都是正确的。例如，在椭圆曲线数字签名算法加密的基础上，再哈希两次，应付了量子计算机所带来的威胁。他的聪明才智，让比特币在意料之外避开了一些密码学子弹。

中本聪为上线的比特币项目精心准备了相应的身份资料和域名。在 2008 年 8 月 18 日的时候，就已经注册了 bitcoin.org 的域名，并保护性注册了 bitcoin.net。

Whois 所提供的信息是位于芬兰赫尔辛基的一家小型主机托管商。域名注册商是一家小公司 anonymousspeech，而选择这两家公司的原因是，公司的服务声称他能为用户的域名注册提供匿名性保证，使其能够保证不受到人肉搜索，同时也能够避免政府的检索。

中本聪在创世区块里留下了一句永远不能修改的话："he Times 03/Jan/2009 Chancellor on brink of second bailout for banks."当时，英国的诸多银行出现了危机，财政大臣达林在逼不得已的情况下解决了这个危机，这句话成为《泰晤士报》当天的头版文章。

中本聪引用这句话，既说明了该区块产生的时间，又讽刺了在金融危机中处于脆弱地位的银行系统。除了这两方面的原因之外，这或许是中本聪掩饰自己身份的一种方式。

中本聪对于比特币的开发和作用要比其他人更为关键，但由于他神秘的身份，他或许成为一个非常重要的难以忘记的历史密码。

用威廉·吉布森的小说来形容中本聪，他就是数字时代的先知；用黑客帝国来形容中本聪，他就好比是来自矩阵的尼奥，来自"政府被永久禁止或永远不需要政府"的地方，有着赛伯空间之父的全部元素。

中本聪打破了数字世界的黑暗，领导众人和银行和跨国公司进行对抗，揭露了这些利益集团的丑恶嘴脸，让我们的金钱得到了保障，让我们有了和商业巨头对抗的保障。

因此中本聪是谁就变得不重要了，他追求和平正义，他反对暴力，他为世界公平不断地努力着。所有有这样追求的人，就都是中本聪。

区块链技术——新时代的风口？

2018 年春节，"区块链"和"过年""冬奥会"一样，成了人们热烈讨论的话题之一，纷纷出现在新闻客户端和社交网站中，可以这样说，区块链正悄悄地影响着这个时代。

很多企业也纷纷加入了区块链的行业中，例如，诺基亚发布了基于区块链技术的传感系统，有助于智慧城市的建设；小米在招聘平台上发布了很多关于区块链工程师的岗位等等。

截止到 2018 年 1 月，区块链技术以及数字货币管理资产备受人们的青睐，区块链投资项目高达 16 个。区块链就如同一艘驶入新大陆的巨轮，人们都想登上这艘巨轮，但并不是所有的人都能获得登船的资格。

区块链的崛起和比特币的发展是分不开的，比特币也只是代表了一种基于区块链的解决方案，区块链所带来的影响不仅仅只有比特币。

区块链改变了依赖中心实体信息和价值交换的方式，创造了去中心化、分布式的全新交换方式。

区块链是在互联网基础上诞生的新的商业逻辑。在未来，它不再单一地影响着金融领域，还会渗透到更多的领域和行业内，用一种崭新的信息和价值交换方式推动各个领域的变革。

互联网时代信息具有跨时空传播的特点，在这个基础上，区块链的风潮必定会席卷全球，为全世界的商业版图带来一次颠覆性的革命。

2017 年，是区块链技术大爆发的一年，其技术发生了质的改变，给金融行业带来了不小的影响。例如，国内的很多银行都应用了区块链技术，其中包括中信银行、邮政银行、招商银行、民生银行等等。区块链技术之所以能够被众多银行所采用，是因为它天生对金融行业有着极高的默契度。

如今，区块链技术在复杂的金融交易市场中，能够让交易双方之间进行零距离、零时差的沟通。

事实上，区块链技术不仅仅是应用在金融领域，三星电子网络事业部执行副总裁曾表示，其他企业对于区块链技术也表现出了浓厚的兴趣，这得益于区块链技术能够改进他们的管理水平，且提高他们的经济效益。

例如，在物流领域当中，各个物流公司之间想要在技术和业务的角度去共享信息的话，将会是一件非常复杂的事情。但在应用了区块链技术之后，各个物流公司就能分享关键的物流追踪信息，甚至能够进行实时的分享，从而让信息共享变得更加高效。

制造业同样需要区块链技术。例如，全球的电池制造企业，其供应链管理相当的繁复，拥有很多分布在不同国家的供应商。因此，筹划一个区块链电子合同管理体系，以此来检验合作伙伴的资质，能够很大程度上提高工作效率，所起到的效果也是非常好的。

图 1-4　应用广泛的区块链技术

区块链技术同样可以应用到解决产品溯源的问题，浪潮集团董事长孙丕恕曾说过："区块链可以将商品生产环节、流通环节和检验环节串在一起，建立一个质量链，并且还可以进一步形成质量网，建立一个平台，让老百姓用 APP 一扫，就可以对产品进行追溯以检验真伪。"

在其他领域，曾经出现过依托区块链搭建一个全球统一、不能篡改的共享账本，用一个统一标准来签合同、记账、交易等概念。因为这个账目涉及了记账规则的统一，所以它在全球范围内实现还比较困难。

但是，区块链技术却非常适合数字票据交易的场景，这是由于数字票据对实时结算的需求很低，信息处于轻量级，交易量小，信息敏感度低。

区块链技术有着非常广泛的应用前景，有的人甚至预言，区块链技术将是继电力、蒸汽机、互联网之后的又一新的技术浪潮，是后互联网时代的又一次革命。它解决了互联网中的最大问题——信任成本，将会重新塑造传统金融行业。

但如今的技术却很难将区块链的技术全都发挥出来，只发挥了其中的十分之一二，即便有大量的企业通过努力发展和投入大量的资源，来证实区块链技术实现的可能性，但由于区块链技术积累还不是很成熟，因此区块链并没有进入大爆发的时代。

区块链技术还有很多亟待解决的问题。其中最大的问题就是其占用了很多的资源，区块链技术采用分布式记账的设计，这是它的技术特色。这项技术对于计算和资源存储能力的要求非常高，所有的节点都在计算、存储这个分布式账簿的数据，就会导致区块链难以应对高频数据交流的场面。

即便如此，区块链给社会带来的巨大改变也是不容小觑的。因此，无论是金融机构、企业，还是监管部门，都应该积极关注区块链技术的发展，做好应对突发状况的措施，这才是推动区块链技术发展的上策。

即使人们目前还看不到区块链的泡沫，它所带来的价值却是有目共睹的，它创建了新的信用系统，给人类的发展带来了新的机遇，给了人们很多创新想象的空间。

从长远角度来看，每一个新技术的应用都能够推动人类社会的进步和发展，即使这些影响的深度和广度是有限的。就如同区块链这艘驶向新大陆的航船，我们不知道它驶入的新大陆是什么样的，它却昭示着一个新时代的到来。

第二章

数字货币概述

货币变迁史

货币，是人人都熟悉的东西，是每个人日常不可或缺的东西，但关于货币的历史又有多少人知道呢？最开始的货币是从物物交换开始的，之后经历了贵金属货币、纸币、电子货币、数字货币这样的发展历史。

第一阶段：物物交换

在原始社会中，人们在交易的过程中采用的是物物交换的方式，这个过程中遇到了交换物的定价和接受匹配等问题。

就比如，小红有一只羊，小强有一担柴，两个人分别拿自己的东西进行了互换，表面上看是公平的，然而一只羊和一担柴的价格并非等价的东西。

在这种情况下，早期的一般等价物应运而生，也就是当时的货币，贝壳是当时被使用最广泛的，当贝壳作为一般等价物使用之后，人们就可以将手上的活物兑换成贝壳，这是一个卖的过程，用所得的贝壳去换取自己需要的东西，这是一个买的过程。就实现了最基本的等价交换。

第二阶段：金属货币

贝壳等早期货币的出现，使社会贸易得到了进一步的发展，人们用贝壳等货币换取到各种所需的物品，让自己的生活变得丰富起来。但仍然存在各种各样的问题，例如，当把贝壳、羽毛、石头作为货币的时候，是无法控制其总量的，不容易保存。

当时，冶炼技术兴起，出现了很多的金属制品，金属制品具有价值稳定、容易分割、方便储藏等特点，为金属货币的兴起奠定了良好的基础，渐渐地，金属货币就取代了实物货币。

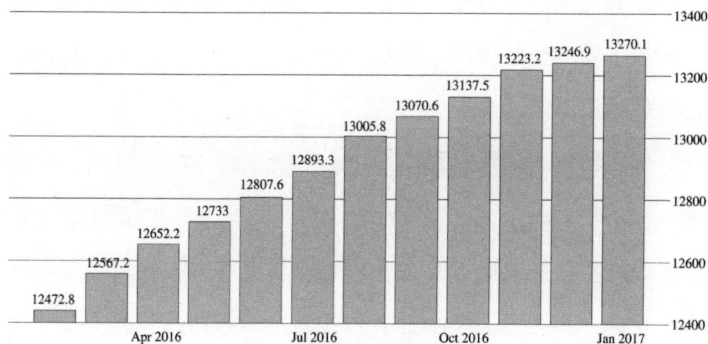

图 2-1　美元全球供应量

随后，又出现了一些用金属支撑的货币。例如，古时的希腊、罗马和波斯地区，人们用金属铸造了一些重量和成色一致的硬币，在这些硬币上印有国王或者是皇帝的头像，还有一些复杂的纹章和印玺图案。这样，就避免了使用货币时用秤进行称重的麻烦，且不用鉴定成色，用起来很方便。

第三阶段：纸质货币

后来，生产和流通不断扩大，商品流通的需求远远超过了货币的数量，而且远距离的大宗贸易活动，携带大量的金属货币也是非常不方便的。除此之外，金属货币在使用的过程中会出现磨损的问题。

据不完全统计，在人们用黄金作为货币使用的过程中，超过两万吨的黄金在铸币的过程中被磨损掉，这是一笔非常庞大的损耗。在这种情况下，作为金属货币象征符号的纸质货币便应运而生。

纸质货币携带方便，且信用度很高，直到今天纸质货币仍然是最主要的交易货币，且是流通最广泛的货币，也是人们比较青睐的货币。

第四阶段：信用货币

随着资本主义商品经济的产生和发展，信用货币渐渐兴起，且随着信用制度的扩大，货币作为支付手段的职能越来越大，也进一步促进了信用货币的发展。

在商品生产和商品交换不断发展的前提下，出现了期票、银行券、支票以及汇票等形式的信用货币，信用卡这种信用货币也就随之出现，到了20世纪30年代，世界各国纷纷采用了不兑现的信用货币制度，金属货币制度渐渐退出历史舞台。

在20世纪初，就出现了世界第一批信用卡，当时很多大型酒店和百货商店开始向它们的消费者发行纸卡。

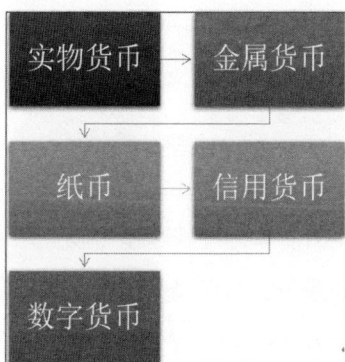

图 2-2　人类货币变迁史

在 1949 年，大来国际公司推出了普通商品信用卡，在国际上取得了一定的名声，与此同时，大来公司也获得了高额的利润，因为其手续费高达 7%。

在 1958 年，美国银行推出了第一张普通信用卡，后来又推出了 VISA 信用卡品牌，广受人们的青睐，这也给大来公司带来了巨大的压力，也为信用货币的发展打开了大门。

直至 1966 年，一些竞争力强大的银行又推出了万事达卡。

信用货币的产生，使资本运转的速度得到了提高，促进了商品的流通。但也存在着一些问题，例如，在资本主义的现实经济活动中期票在流通过程中辗转，只要其中一个环节出现了问题，到期的期票就无法兑现，就会引起一系列的连锁反应。

除此之外，资本主义社会内兴起的投机和欺诈行为，在这种情况下，广泛使用信用货币的话，就会在一定程度上加剧流通和生产领域的混乱。

随着互联网的诞生和不断发展，1990 年诞生了数字货币的概念，由此产生了一种新的支付形式，它单纯以电子形式存在，超出了人们的想象。

第五阶段：数字货币

1989 年，美国计算机科学家和密码学家大卫·乔姆创立了 DigiCash 支付系统，是在线支付系统的先驱。

DigiCash 在线支付系统有 eCash 和 cyberbucks 两种不同的数字货币系统，它们全都是通过 Chaum 的盲签合约基础上的，在用户进行支付的过程中，它们保证隐藏使用者的身份，安全性非常可靠，使用者很难被追踪到。但商家最后会将自己的 eCash 转入银行，所以用户并不能做到完全匿名。

最终，由于缺乏足够的支持，加上银行和商家都没有恰当地使用这项技术，DigiCash 在线支付系统还是以失败告终。

1998 年，莫斯科的一家公司推出了 WebMoney 数字货币，这是一种通用的数字货币，提供了广泛的点对点支付解决方案，涵盖了互联网交易平台。时至今日，该数字货币仍然有近百万人在使用，是少数幸存的还没有加密的货币之一。

2001 年，出现了 Liberty Reserve 数字货币，它试图创建一个集中的匿名汇款平台，允许用户在不需要任何验证的前提下，在平台上创建账户并进行转账。但这种支付形式吸引了大量的犯罪分子的目光，最终以失败告终，2013 年该数字货币公司倒闭。

2013 年，Liberty Reserve 倒闭，但其竞争对手 Perfect

Money 却得到了快速地成长，Perfect Money 是俄罗斯推出的一个数字货币平台，提供和 Liberty Reserve 相同的服务，仍然不需用身份验证，可以使用美元、欧元、比特币、英镑等货币。

2009 年，在创建数字货币的道路上，每一项尝试都面临着一个重要的问题，都需要赢得一个值得信任的中间人。这一问题，随着比特币的出现而渐渐消失了。

比特币创建于 2009 年，采用的是区块链技术，将交易信息存储在分布式账本中，让破解网络成了一件不可能的事情。因为这项技术，比特币成为至今最为成功的数字货币，它的普及推动了数百种数字货币的发明。

但是，关于加密货币的发展，还有很长的路要走，比特币的出现只是促进了加密货币的发展，最终它还是会消失在时间的长河中。

如今，人们越来越多地使用电子支付，使用现金的机会越来越少了，微信支付、银行转账已经深入了人们的生活，由此可以看出，数字货币正在一步步改变人们的生活，方便了人们的生活，让人类向文明又迈进了一大步。

数字货币大爆发时代

"红包能用吗？"

"能能能，来来来，扫这里。"

如果在几年以前，这段没有前因后果的对话可能没有人能够理解，但放在今天，无论是连锁超市还是街角市场，我们都能够听到这样的对话。

科学技术正以迅雷不及掩耳之势改变着我们的生活，互联网已经成了人类生活的基础设施，新技术革命的到来，让互联网金融成了社会发展的主流趋势。互联网金融让更多消费者参与到市场活动之中，不仅为更多人提供了生活的便利，同时也让市场资源得到了最优化的配置。

伴随着互联网金融一同到来的是一种颠覆传统消费领域的新兴产品——数字货币，近几年中，数字货币可以说火得一塌糊涂。"数字货币要取代纸币""几年之后，银行卡将会消失""数字货币是一个骗局""数字货币就是比特币"，围绕数字货币的争论声充斥在市场之中。

究竟什么是数字货币，它的价值又在哪里，为什么它可以替代传统货币使用？虽然数字货币在 2017 年迎来了爆发式发展，但真正了解数字货币的人却并不多。

提到数字货币，大多数人想到的可能是支付宝红包和微信红包，认为二者就是将传统的货币转换成了数字货币。实际上并不是这样的，支付宝支付和微信支付只是电子支付方式，支付宝中的电子货币只是将法定货币进行了数字化而已。

可能有人会认为自己的钱确实转变成了支付宝中的数字，事实上，我们在用支付宝进行支付的时候，所使用的还是我们存在银行之中的一张张人民币。如果人民币消失了，支付宝之中的电子货币也就失去了价值。

简单举个例子，当我们要花钱的时候，正常情况下是直接使用人民币进行消费的，这就要求我们随时将人民币带在身上，这样既不方便也不安全。现在，有一个大叔和我们说我们在消费的时候，他可以跑到银行帮我们把钱取出来，我们只要专心选择商品就好了。如果真的相信他，我们就可以把银行的钱放在他手中，消费的时候由他结账。支付宝就充当着这个跑腿大叔的角色。

在整个过程中，支付宝起到的作用更多是一个支付工具，微信支付也同样如此，都是一种电子支付方式，支付宝和微信中的钱都是电子货币。

电子货币背后对应的是银行中存在的实实在在的现金，但数字货币却不同，与人民币一样，法定的数字货币同样是一种财富的表现形式。电子货币在本质上是一种记账符号，而数字货币是利用区块链技术，经过复杂加密的一种算法，电子货币可以轻易篡改，但数字货币是无法篡改的。

相较于支付宝和微信等电子货币，比特币在功能特性上更接近于货币。比特币不需要依托实体货币而存在，作为一个完整的货币交易系统持有者可以通过比特币来交易任何东西，同时比特币还拥有货币发行机制，能实现所有权和使用权的转让。但从目前来看，要成为现实中的货币，信任问题仍然是比特币面对的一大困难。

在 2018 年春节期间，中国央行推动的基于区块链的数字票据交易平台测试成功，在春节之后，央行旗下的数字货币研究所也将正式挂牌。央行发行的法定数字货币将具有支付和流通的功能，可以作为纸币的替代品使用，相比于纸币不仅支付效率更高，流通也更加便捷，同时还可以对其进行追踪。央行的这一系列举动为数字货币的发展注入了一针强心剂，让处在舆论旋涡中的数字货币迎来了一线曙光。

事实上，不仅中国央行在准备数字货币，世界上很多其他国家也都在准备着自己的"数字化货币"进程。2017 年10 月 16 日，俄罗斯总统普京宣布俄罗斯发行官方数字货币"CryptoRuble"，俄罗斯财政部已经提交针对加密数字货币和 ICO 的相关监管法案。在俄罗斯议会议员提交的草案中写道："数字货币是一种数字金融资产（加密数字货币），可以与目前在俄罗斯联邦境内流通的卢布进行类比，它受到密码方法保护，能够被分布式数字交易登记处注册的各个参与方使用。"

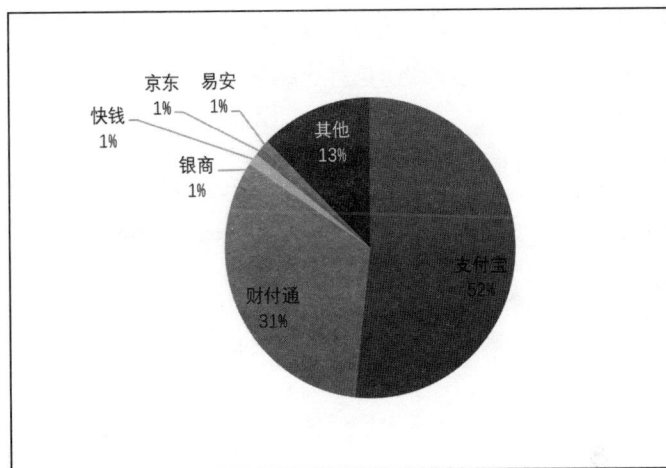

图 2-3　我国数字货币移动支付市场占有率

事实上，之所以各国央行纷纷将目光聚焦在数字货币之上，主要是因为比特币等其他数字货币对于实体货币的冲击。虽然这种冲击并没有造成太大的威胁，但为了保证金融市场的安全，提早做出决策才是一个明确的选择。

法定数字货币的推广，有助于提升央行货币政策的有效性。一方面，法定数字货币具有信息优势，能够帮助央行全面追踪资金流向和评估金融风险，从而支持其更加及时、准确地运用货币政策工具。另一方面，数字货币技术增进了市场参与者之间的联系，提升了金融市场的资金流动性，从而使利率期限结构更趋平滑，货币政策的利率传导机制更加顺畅。

一种新的货币的产生和演化要经历一段较长的历史时期，科学技术的发展虽然大大缩短了这一周期，但对于数字货币的到来依然不能操之过急。现阶段金融市场之中，由数字货币带来的热潮正处于高涨阶段，这种热潮之中不仅有机遇也存在着很多风险。

不可否认的是，随着区块链技术的进一步普及，数字货币也将迎来大爆发时代，至于数字货币在未来究竟会走向何方，我们只能拭目以待。

数字货币不只是数字

如今的社会，当你去问一个人金钱是什么的时候，他的回答往往是："金钱，不就是支付宝里的数字和微信里的数字吗？"数字货币流行的时候，这是很多人的印象，金钱就是一连串的数字，难道数字货币就仅仅是一连串的数字吗？答案必然是否定的。

数字货币简称"DIGICCY"，它是电子货币形式的一种替代货币。例如，数字金币和密码货币就都属于数字货币，是英文"Digital Currency"（数字货币）的缩写。

它和游戏中的虚拟货币是不一样的，它可以被运用到真实的商品和服务交易中，不仅仅单一的在游戏中使用。

早期的数码货币是用黄金重量命名的电子货币形式，叫作"数字黄金货币"。如今的数码货币是一种电子货币，通过校验和密码技术来创建、发行和流通。运用 P2P 等网络技术来发行、管理和流通货币，在一定程度上避免了官僚机构的审批，从而让每个人都拥有了发行货币的权利。

基于此，数字货币成为了时下热门的话题，人们对于数字货币的讨论也是众说纷纭，产生了良莠不齐的传播，人们对数字货币也产生了很多的误解。

第一个误解：数字货币不能等同于"现金"

在经济社会中，人们往往会把纸币、铸币或者是电子货币统称为现金，而用"现金"支付的交易，被称为"现金交易"。当网络支付兴起之后，用纸币、铸币和电子货币进行支付的交易就大幅度地减少了，甚至在很多地方已经消失了。

这个时候，就出现了"无现金交易"的说法，甚至是提出了"无现金社会"。这是一种将"货币实物"看作"现金"的看法，当不再使用"货币实物"进行支付的时候，就将其理解为"非现金交易"，将其经济体系称为"无现金社会"，进而认为没有依托货币实物的数字货币就不是"现金"。其实，这种看法是错误的。"现金"并不是以看得见，摸得着为标准的。

现金是一个财务概念，现实经济社会中的"取现""用现""套现""兑现"等词语，其实是财务意义上的"现金"，在财务活动中，具有一定的现金管理规范的。

对于个人来说，所谓的"货币实物"指的是"现钞"。"现金"和"现钞"之间有哪些区别呢？

"现钞"是一个实物概念，是真实存在的钞票，而"现金"则是财务上的一个概念。按照财务规定，现钞只是现金的一部分，并非全部。所以说，通过网络支付的交易方式，能够称为"无现钞交易"，但不能称为"无现金社会"。

从宏观角度来看，数字货币的出现是不会影响到现实中流通的现金，而是会进一步强化现实流通中的货币。另外，数字货币不具备实物形态，因此在财务方面的性质仍然是"现金"。

因此，即便数字货币很火爆，我们也很少再使用现钞进行支付，但并不意味着"无现金社会"的到来，数字货币的兴起，造就的只是一个"无现钞"的交易系统和"无现钞社会"而已。

第二个误解：数字货币等同于电子货币

数字货币和电子货币都是记账货币，但它们之间并不能画等号。

电子货币就是我们通常所说的电子卡片，分为接触式和非接触式两种。电子货币有储蓄和非储蓄两种，银行是其主要发行者，但不是单一的发行者。一般来说，我们所使用的银行卡就是银行发行的电子货币，通常分为贷记卡和借记卡两种。

电子货币是记账货币，通常情况下，记账时间和交易是同步进行的，但仍然会存在一定的时间差，这是由于交易方的出账和入账是不同于交易记账时间的。也就是说，记账是马上就发生的，但资金的出账和入账往往是由银行的后台决定的，这就会产生一个时间停滞。

产生时间停滞通常有两个因素：一个是由于技术原因产生的时间停滞，一个是由于财务账期而产生的时间停滞。

由技术原因产生的时间停滞会相对较短，所产生的时间差只是由不同界面所反映的信息而导致的。而财务上的记账信息通常是由后来处理的流程安排决定的，大多数情况是不会影响到交易本身的。

电子货币并没有完全消除交易前台和后台结算的时间间隔，只是将其间隔缩短了而已。

数字货币采用的记账方式是"点对点"的账户间同步记账，因此就避免了出现前台交易和后台结算的时间差，也不会出现账户之外的记账中心。数字货币的出账和入账是同步发生的，记账就成了出账和入账的结果，并不是原因。

换句话说，就是当你数字货币支付的时候，就已经完成了结算，并不会出现电子货币中"前台交易，后台结算"这个步骤。

很多人经常把数字货币和电子货币进行类比，认为它们都是用手机和银行卡来进行结账和支付，并没有使用到现钞，又都存在于一个网络支持中，因此它们之间并没有什么区别。

其实，这两者在根本上是存在区别的，这些区别我们用肉眼是看不到的，例如，是不是有后台；是不是有记账中心；是不是有出账和入账的另行安排。我们虽然看不到这些，却导致了两种货币不同的使用流程和性质。

第三个误解：数字货币传递了价值

有的人认为，既然是一种货币形式，它肯定是传递了一种价值。事实上，数字货币反映的只是账户之间的记账活动，并没有传递出任何的"价值"。

在经济活动中，不是所有的交易都意味着有实物流转和实物对象。就比如，美联储纽约金库中，有一部分可以交易的黄金，这部分黄金进行交易的时候，并不会有相应的黄金入库或者是出库，只是相应的黄金标签会产生变化。标签的变化，也就意味着这批黄金变成了一批特定的黄金。

被"特定化"的标签，黄金在交易的时候就变成了账目上的交易，并没有进行黄金实物上的流转。我们可以把它称为"纸黄金"，就是假借黄金的名义进行交易，事实上并没有黄金实物伴随着交易。

在交易中，并不会有所谓的实物流转或者是实物对象，也不会产生价值或者是价值流转。在账户活动中，记账是最主要的记账活动。当记账活动实施的时候，该发生的交易就都发生了。

如果没有其他事情同时发生，"记账"本身是否和"传递价值"相同呢？

记账是否传递了价值，对于记账本身来说，是没有任何影响的。如果我们一定要认为"记账"和"传递价值"是等同的，那么"赊账""应收账款"和"应付账款"并不是一种价值传递，不是所有的记账活动都在传递价值。构成"价值传递"的记账活动是"付款"和支付本身，所以说，数字货币并没有"价值传递"。

如今，数字货币给人们带来了很大的影响，也受到了银行机构的重视，例如，未来央行很可能会采用区块链技术来发行法定的数字货币。

货币领域的创新是区块链一个成功的实践，相信，随着技术的发展，数字货币在全球范围内实现统一也会变成一种现实。

数字货币与信用

在数字货币的领域里，无论是底层的区块链技术，还是与智能合约相关的技术理念，都是建立在自动化、智能化、去中心化的基础上，这是一个不可更改的系统，都是建立一个信用的世界。

近几年，诚信问题一直是备受人们关注的问题，各行各业都出现了严重的信用危机，尤其是在经济领域。在这种情况下，市场亟须建立一个诚信的环境，而区块链的出现则成功解决了这个问题。

有的人可能会问，如果区块链数字货币出现的早一点，就不会这么火热了吧。这个问题是没有一个肯定的答案的。如果其自身价值能够给市场创造出更大的技术贡献，解决一些其他的重大问题，依然是能够获得人们认可的。

如今的区块链面临着一个问题，就是电子支付如此的方便快捷，就比如支付宝和微信，那么基于区块链技术的数字货币还有存在的价值吗？答案是肯定的。

我们拿支付宝为例，在利用支付宝的过程中，一个人的支出和另一个人的收入是相等的，这是一种等价交易。这里面存在一个问题，如果支出和收入的账户是同一个人的两个账户，这会发生什么事情呢？

对于支付宝来说，每一笔交易的边际成本就几乎是零，当一个人同时拥有两个账户的话，在这两个账户里进行反复的交易，就会用非常低的成本制造出无数刷信用行为，这对支付宝来说堪称是一场巨大的灾难。

对于这一点，淘宝网非常聪明地引入了评价系统，采用了非常高明的机器算法和人工干预，但仍然没有阻止刷信用的行为，也因此衍生了刷客和差评师这两种职业。

刷客假扮成买家，通过虚假购物，对商家的产品给予好评，从而赚取商家所支付的佣金；而差评师则是进行恶意的差评，通过对商家进行差评，从而获得商家提供的相应"赔偿"，以此来获得利润。

为了遏止这种不良的行为，淘宝网采用了非常复杂的手段：一种手段是使用机器算法对店铺进行排查，如果出现交易过于频繁的异常情况，就会对店铺进行处理；另一种手段是设有2000多人的团队，对有刷信用嫌疑的店铺进行清查，结果却是不尽如人意的。

诚信问题，不仅是淘宝网面临的问题，也是所有电子商务平台的一颗毒瘤，它扰乱了正常的交易秩序，使市场交易陷入了不良竞争的恶性循环当中，基于此区块链技术的数字货币就显得尤为重要了。

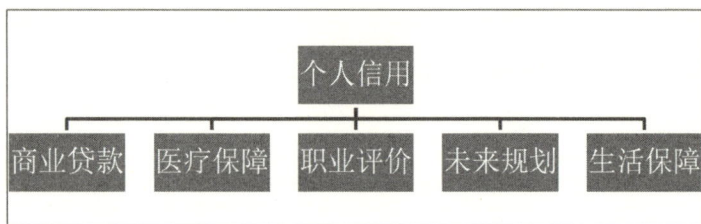

图 2-4　信用关系着人生活的方方面面

从经济学角度来看，降低成本的需求衍生了制度。通过对符合制度的行为进行认可和鼓励，对违反规定的行为进行惩罚，就可以引导人们将自己的行为控制在一定的范围内，减少社会中所存在的不确定性和风险，进而达到降低成本的要求。

与此同时，制度是要和经济发展状况相适应的，并且依靠科技进步的成果，进行积极的调试，在提供信息、引导行为、降低交易成本、创造奖励机制方面发挥积极的作用。

传统的契约机制在没有信用机制的前提下，产生了高额的交易成本。交易的主体总是被"有限理性"和"机会主义行为"所局限。

交易的双方在签约的时候，对方诚信度、意愿表达准确性等因素会影响双方对于信息的判断，形成信息不对称的结果，就会导致在签约过程中，需要进行反复的思考和谈判。

好不容易达成了契约，执行的过程和结果又会受到契约本身存在的逻辑问题、交易主体履约的意愿和能力的影响，从而产生很难避免的操作风险和违约风险。

这个过程中，虽然设立了违约责任，所起到的作用并没有期望的那么大，且作为事后救济的力量，在一定程度上也会消耗一些其他的社会资源。而区块链则用较低的信用成本，很好地解决了上述问题。

信用机制基于数学原理进行了信用机制的重新构成，通过数学算法为人们创造了信用，从而达成了共识，是区块链技术的一种颠覆性创新。

在区块链技术中，参与者之间不需要了解对方的基本信息，也不需要借助第三方机构的担保，就能够进行信任的价值交换。

区块链自身的技术特点，能够保障系统对价值交换活动的记录、传输存储的结果都是可以信任的，建立起一个信用体系。

这个信用体系是人们在没有中心化机构的情况下达成的共识。它超越了传统和常规意义上的需要依靠制度来建立信任的局限。也就是说，你可能不信任你的对手，但你不能怀疑最终实现结果的信用方式。

在区块链中存在能够将负责安全管理的控制或者是第三方组织机构，从管理层面转移到基础层面，这些技术让整个系统变得更加安全可靠。

即使区块链设计的不同会产生不同的优势，但其具备的高容错性、透明性、不可篡改性却是极其稳定的，能够解决各方对基于区块链完成交易的安全信任问题。

区块链的高容错性为交易提供了一个安全的环境。区块链在分散的网络上进行交易，从而避免了中央服务器故障、恶意网络攻击等因素的影响。区块链内部所分布的数据和信息，能够从数百个或者是数千个节点中进行访问，任何节点所出现的故障都是不会危及整个区块链处理事务的能力的。

就比如，在比特币诞生的 7 年里，成功地运行在世界各地数以千计的节点中，经历了区块链分叉、价格剧烈波动、全球最大交易所欺诈丑闻等一系列的困难，仍然表现出了良好的安全性和抗攻击性。

区块链技术中的透明性和安全性保障了交易的安全。在交易过程中，只要发生了数据更新，就会同步到整个区块链上。

在区块链网络上的节点中，存在着很多完全相同的分布式账本，因此当其中的账本某一部分发生了改变，很快就能被识别出来。

区块链技术中有一项智能合约的技术，在没有第三方的背景下就能够自动执行双方协议承诺的条款，一旦实行就能改变，具有预先设定的不变性和加密安全性的特点，避免了违约的风险和操作中的风险，很好地解决了参与双方的信任问题。

信用问题得到了解决，才能让交易顺畅地进行，区块链技术很好地解决了经济交易过程中的信用问题，而基于区块链技术的数字货币在充满信任的环境中，也会更加茁壮地成长。

数字货币带来的时代变革

　　每当一个新的事物发展到顶峰的时候，也就意味着它会给时代带来变革，被誉为人类"阿拉丁神灯"的区块链就是如此。

　　我们提到数字货币的时候，是无法回避"区块链"这个词语的。区块链是比特币乃至未来数字货币的核心技术。

　　我们可以这样理解，区块链是一个分散式的电子分类账本，这个账本追踪和记录着拥有比特币的用户，因此它也受到了全世界数字货币用户的共同维护。

　　数字货币的发展历史是比较短的，却有着惊人的发展速度。许多国家和地区的官方和民间都在和数字货币进行接触，不断尝试去了解和使用它，不断总结经验教训，进而促进了数字货币的快速发展。

　　2015 年，数字货币在欧洲地区来势凶猛，相关国家和地区的交易总量超过了 10 亿欧元。

　　2016 年，英国开始了未来是否要发行数字货币的研究工作。英国央行首席经济学家安迪·霍尔丹表示，发行数字货币将会有一次"伟大的技术大跃进"。

挪威最大的银行 DNB，取消了现金柜台服务，并呼吁政府应该彻底停止使用纸币。目前，挪威每天仅有 6% 的人使用现金，其中的大部分都是老年人。

使用数字货币支付，可以节约较现金支付两倍的成本。生活中的每项活动，几乎都可以用刷卡来完成，例如，乘车、购物、加油等等。利用现金支付的活动越来越少了，除了一部分老年人使用现金之外，最常见的就是孩子学校举办的义卖活动了。

数字货币让经济交易活动变得更加便利和透明。由央行发行的数字货币使金融政策的连贯性和货币政策的完整性都得到了保证，也保证了货币和纸质货币相比较，具有明显的优势，节省了发行和流通所带来的成本，提高了交易和投资的效率，让交易更安全。

数字货币的发行方式目前还没有被确定，它已经在无声无息中取代了纸币，纸币已经被很多的专业人士称为是"上一代的货币"，数字货币取代纸币，在新技术和新产品的形势下，成了未来发展的趋势。

有人推测，数字货币和现金在未来很长一段时间内，将会呈现相互并行，逐渐替代的关系。当数字货币时代真正到来的时候，人们使用现金的机会会越来越少，携带的现金也会越来越少，会让人们的生活变得更加便捷和安全。

当人们不再携带现金出门旅行的时候就会变得相对安全，

不用担心大量的现金会被小偷所盗取，能够有一个安全舒适的旅行。

数字货币给人类生活带来了很大的变化，既让人们的生活变得越来越方便，也受到了各方的重视。

墨西哥经济研究教育中心教授 Mariana de Sousa 认为，在将来，随着法定数字货币的诞生，有可能会形成一种替代性的货币储蓄体系，和如今流行的货币储蓄体系是相对应的。

Mariana de Sousa 认为，就当今全球货币体系来说，当一个国家想要发起一个垄断性的储备货币，它所拥有的过渡权，必然会产生过渡的税费。另外，一个国家降低利率，能够促进本国资本的流动，提升边界利益和投资收益，但是却会给其他国家带来诸多不利的因素。

例如，有些国家在次贷危机之后，执行的是自身的货币政策，这对于促进本国的经济发展是有很多好处的，对于其他经济国家来说，却会带来很大的消极作用。

针对上述问题，目前国际货币体系采用了法定数字货币。就比如，通过提升数字货币计价的覆盖范围，就能够打破美元的垄断，从而帮助提升全球货币的平衡性。

2016 年 11 月，在中国成立了中国数字货币研究所，其主要目的是培养在数字货币方面的高层次人才，进行数字货币研究、咨询、发展规划以及和数字货币相关的活动，致力于数字货币行业的科研与实践的双重发展。

到目前为止，杭州市、深圳市及贵州省成了央行数字货币试点的热门地区。杭州市正在积极推进钱塘江金融港湾的规划建设，以此推进数字货币的发展。除此之外，杭州市也在积极推进区块链产业的发展，将在西湖区的互联网金融小镇，打造全国首个区块链产业园区。

中国数字货币研究所，是建立在 1958 年成立的"央行印制科学技术研究所"基础之上。这也预示着，央行的货币研究方向从印刷方位技术转向了"区块链"一类的电脑技术。这对于货币印刷技术专家们来说，是意想不到的一件事情，他们肯定不会想到，他们的饭碗竟然被一群研究电脑技术的人抢走。这也表明了我们的时代特点——跨界颠覆。

数字货币带来的不仅是跨界颠覆的影响，也打破了电子货币时代的局限性，会让你的财产变得更加安全。

电子货币时代，我们想要保证自身财产的安全，是非常困难的一件事情。银行、保险公司、证券交易所、不动产登记部门，想要保证客户的财产安全，需要一个庞大的数据库，同时还需要准备一个庞大的备份数据，以免因为战争、地震等不可抗的因素，导致电脑主机摧毁，进而导致财富的混乱和蒸发。

这是电子货币所带来的局限性，会让交易变得很复杂，除此之外，也让偷税漏税、行贿受贿、诈骗、洗钱等违法犯罪行为有了更广阔的发展空间。

而依托区块链技术的数字货币，则打破了电子货币存在的局限性。因为有了区块链，数字货币的交易记录变得更加完整、不可篡改，不需要中心数据库进行存储信息。在这样的情况下，银行的作用就不那么突出了，在不久的将来，随着数字货币的普及，很多银行的中间业务都会随之消失，甚至包括一部分的信贷业务。你不用再去银行，就能够轻松知道自己每一分钱的去向。如果你的钱被别人骗走了，你马上报案，通过区块链这个账本，就能够马上找到你的钱，你的钱能够很轻松地被追回，这是电子货币所不具备的优点。

在房产证、债券、股票、银行票据、保单、仓单等各种财产的证明和交易上，运用数字货币的技术，会让交易变得高效，在不久的将来，房屋买卖会变得像投资股票一样方便快捷。

数字货币让财富流动的每一个过程都清晰地展现出来，在这样的情况下，偷税漏税、行贿受贿、诈骗、洗钱等违法犯罪行为就没有了可乘之机，就会无处遁形。

当个人财富赤裸裸地展现在人们的面前时，税收会对财富起到二次分配、调节的作用。这样就会让人们的财富观念发生巨大的变化。人们的财富观念可能呈现两种趋势：第一，及时行乐，而不是进行无度的财富聚敛；第二，乐善好施，而不是将自己的财富只是留给自己的子孙后代。

换句话说，数字货币能够让税负变得更加合理均衡，大幅度地减少贪污腐败现象，还能够显著地刺激投资、消费、捐赠，在一定程度上拉动内需、促进经济繁荣。

除此之外，数字货币还将会影响到未来货币派生的机制。目前，因为存在着银行这个"第三方"，假如你在银行存入

100 万元，银行在缴纳了 15% 的准备金之后，就能很快将你这 100 万元存款借贷出去，在这种情况下，货币总量瞬间从 100 万元变成了 185 万元，这就是"货币乘数"存在的原因，也是广义货币 M2 派生的机理。

在历史的长河中，每一次成功的货币和税制改革，都会让一个王朝兴盛起来，如果失败的话，则会让一个王朝走向灭亡的深渊。而数字货币所带来的影响，将会比历史上的任何一次货币和税制的改革都要大。但要在国家公正行使权利，接受公众监督的前提之下。这样，才能让数字货币起到重塑金融、经济，甚至是社会和观念的作用。

第三章

区块链究竟是什么

定义区块链并不难，但理解它却很难

对于区块链到底是什么，大家都很好奇。其实从比特币的大热之后，人们才开始注意到区块链技术，区块链就是比特币的底层技术，是比特币的数据存储方式。它是一项互联网的创新技术，它是一个去中心化的，按照时间先后顺序将数据区块顺序相连的一种链式数据结构，并且通过密码学的方式保存这些数据，让它们不被篡改和伪造的分布式账本。这个账本是大家都参与的记账的账本，是全球互联的，是公开透明的。

虽然区块链的定义看起来很简单，但是想要真正理解起来确实有点难度。不过我们可以通过下面区块链技术的开发者小王，对他妈妈的深入浅出的讲解，去理解到底什么是区块链。

做程序开发的小王，回到家后就被他妈妈拦住了，向小王打听区块链的事，因为她今天参见聚会，听说一个朋友投资区块链挣了不少钱。小王很专业地跟他妈妈解释了区块链。

不过，换来的却是一记白眼外加蔑视，小王妈妈问道："儿子，你是程序员，但是你妈妈我不是，你觉得你这样的话，我能听明白吗？今天你要想个通俗的说法给我讲明白，不然糖醋排骨将从此从餐桌上彻底消失。"

小王无奈地叹气道："妈，你平时是怎么从网店上买东西的？"

小王妈妈兴致勃勃地说道："我就是从网店上拍下自己喜欢的东西，付款，然后它发货，收到货满意就确认收货，钱给卖家，不满意就退货，网店再把钱退给我，挺简单的。"

小王道："妈，你看虽然你跟卖家做生意，但是在关键的地方，都有网店给你把关。"

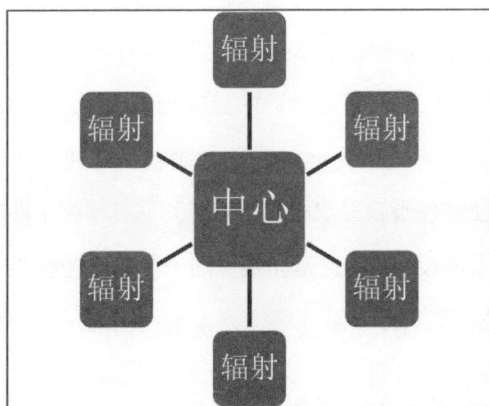

图 3-1　中心化

"是啊，是啊，京东上面的店铺质量还是有保障的。"小王妈妈说道。

"这就是我们现在传统的中心化的交易模式，建立权威，通过权威背书来获得多方的信任，同时依赖权威方背后的资本和技术实力来保证交易的安全。但是，妈，你想过吗，万一京东被黑客攻击了，或者是系统出现了问题，你的财产记录全部丢失了，或者转账记录都没了，你该怎么办？"

小王妈妈开始担心起来，问道："不知道啊，为什么会造成这样呢？"

"这就是中心化的弊端啊，我们过分依赖于权威和中心，就会慢慢丧失自己的话语权。不过还好，我们还有去中心化的区块链技术。如果是通过区块链技术从网上买东西，我们下单直接把钱打给卖家，同时在自己的账本上记录这个转账的信息，并且通过网络把这条转账信息广播出去，让大家都知道这件事情，让卖家收到钱后不好抵赖。"

小王喝了口水接着说道："卖家收到你的钱后，给你发货，然后把发货信息记录在他们自己的账本上，并且全网广播出去。等你收到东西后，交易就结束了。这其中根本没有京东什么事，是去中心化的，这是区块链的一个重要功能。"

"就是买卖双方可以直接交易，不再需要一个中介了，但是我怎么信任对方呢？"

"妈，你不需要信任对方，因为有区块链技术在背后给你依靠，它通过公钥密码学和共识机制，在这个账本上一切都是真实可信的，是一个智能账本。"

小王妈妈疑惑地问道："智能账本是什么？"

"就是这个账本是分布式的，所有的人都在这上面来记账，每 10 分钟就产生一个账目记录的块，这个区块与前一个 10 分钟产生的区块，以及下一个 10 分钟产生的区块相互链接起来，这就构成区块链。"小王解释道。

"大家都可以记账，如果我们俩同时都记了，那谁的有效呢？"小王妈妈锲而不舍地问道。

"当然就是那个最先和最好的了，对这些给区块链增加新数据块的，还能获得相应的比特币奖励，并且为了避免区块链被分叉，还规定了只有最长的链才是最可信的，也是被认可有价值的。"

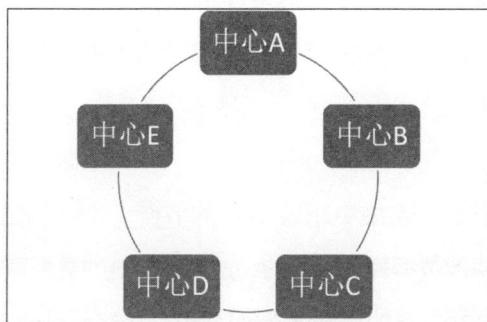

图 3-2　去中心化

小王接着说道："区块链可以用到很多的方面，以前我跟你说过的十多万一枚的比特币就是用区块链技术创造出来的。现在很多大的公司都在开发区块链的应用，像支付宝上面的爱心捐赠就用了区块链技术，你捐的钱你能清楚看到用在了哪里。"

"原来是这样，我要去体验一下。"小王妈妈说道。

因为区块链使用了分布式核算和存储，就把中心化的硬件或者管理机构给消灭了。区块链上面的任意节点的权利和义务都是均等的，系统中的数据块也是由整个节点共同维护。

其去中心化的特性，可以让很多贪婪的中介机构消失，这样的话能够节约成本。比如音乐人通过区块链发布音乐，用户每一次收听时，音乐人都能自动收到一笔知识产权的报酬，可以直接绕开一些音乐中介平台。

区块链具有一个开放的系统，在这个系统中，交易方的私有信息将会被加密，其他所有的数据都是公开的，另外，区块链，整个系统的信息具有高度透明的特点，这样的透明如果引入政府系统和公益事业，将会给更多的人带来公平和公正，让世界变得更加美好。

区块链上面的信息一经确认，就会永久地储存起来，除非同时控制住整个系统中超过 51% 的节点，才能更改，通过单个节点去修改数据库是无效的。这让区块链的数据稳定并且可靠。如果选择在区块链网络上创建和存储遗嘱，与智能合约一起使用，那么遗嘱变得清晰和具有法律约束力，不会留下任何问题。

人们可以通过区块链这种天生具有去中心化、不可篡改、公开透明、加密安全的特点，来建立一个全新的信任机制，这个新的信任机制将会改变链接方式，从而引起生产关系的改变。未来新的生产关系和信任关系，将会对各行各业都产生深远的影响。

制造"信用"的区块链

    出门旅游，你来到一个从来没去过的玉器店，店主向你展示着一个玉手镯，如果你根本就不懂玉器，你心里肯定会问"这个是真的吗？"于是店主又拿出了一张精美的鉴定证书，这时你会信任店主吗？一张证书就能够证明这个手镯的品质和来源了吗？

    当我们在农贸市场选购蔬菜水果时，老板说这个保证没打农药，你会反问"你怎么保证？"即使老板说这个菜是他自己种植的，估计你也会将信将疑，因为你没有亲眼看见，所以还是不放心。

    不是我们疑虑太多，而是身边发生的太多事情，让我们不敢再轻易去相信。随着互联网的兴起，信息传播的成本越来越低，人们相互之间的信任成本却越来越高，欺诈、侵权、抄袭等问题不断出现。如何建立一种新的信任体系，降低信任的成本，成为一个重要的问题，而区块链的核心价值就在于建立了一种新的信任体系。

    过去因为中心化的信任机制，我们非常苦恼怎么证明"我妈是我妈"这个问题，但是现在通过数学原理而非中心化信任机构来建立信用，通过区块链技术不可篡改的特性，从根本上改变了以往的信用创建方式，可以轻松证明"我妈是我妈"。

人是善变的，但是机器却不会故意撒谎，区块链技术可能会将个人信任、制度信任带入技术信任的新时代，技术信任是不需要信任的信任。其实在我们的生活中，技术的信任由来已久，电子签名、CA 认证、生物识别等等，这些都是在特定的业务方面提供了相应的技术来作为特定场景中的信任源。

区块链是怎样实现技术信任的呢？我们知道自从人类开始协作以来，共识就一直存在。很早以前，人类群体就通过语言和某种交流手段，对某个事物达成共识，从而进行更好的协作。

后来，共识在发展中慢慢形成了政治体制的一部分，形成了不同类型的公司体制。在生活中，小到一个家庭，大到一个公司，都需要通过共识来形成决策。可以说共识机制是构建信任的保证。

区块链技术在和对方对等的情况下，对信息共同进行维护，进行协作，和对方达成共识，从而可以更加牢靠地对各类协作中的资产数据进行掌控。在中心化的体系下，借由权威的第三方中心机构的信任来达成共识，而在对等的体系下，通过一系列的制度和技术手段来完成。在区块链的体系中，是用技术来达成共识的。

在区块链产生之前，密码体系已经发展得比较成熟了。

不同的区块链系统根据其业务的需要，在其加密技术中引入了不同的密码学机制。在区块链的技术中，里面很多局部的信任点或信任体中，应用了大量的密码学。这一创新的应用，为区块链提供了密码信任，密码学成为区块链技术信任的基石之一。

在区块链系统中，使用最多的两个密码算法就是哈希函数和数字签名算法。哈希函数可以保证交易数据的完整性。利用数字签名算法，签名者可以通过私钥对交易进行签名，链上的任何节点都可以使用签名者的公钥来验证，并且规定只有拥有私钥的人才能够制造出合法的签名。

不断增长的分布式结算数据库，能够完美解决信息系统中的信任危机。区块链技术允许陌生人之间的相互信任。在2013年到2015年间，区块链已经变成了"去中心化、去中介化"的智能合约技术。

有了智能合约，信任更加便捷。目前这一技术已经开始广泛应用到文件的记录、储存、交换、背书、认证等活动中。像多方签名交易、公共土地和产权交易、法律证明等。与去中心化的金融交易一样，区块链也能做到合约的去中心化，并且还能自动撮合、自动实施。

未来，只要数字化的信息，都可以引入区块链技术，有了区块链技术后，信息产权将变得更加清晰。只要设定保护条件，合约就能自动发起和强制实施。因为不需要担心信任验证和信任的执行，区块链技术将演化为通用的组织管理技术。

　　首先，区块链信任机制带来的好处体现在传统交易制度的创新中，它正在改变市场制度设计的力量。IBM 研究的"消费信用总账"，主要是利用区块链所具有的网络式分布，交叉确认消费行为。比如，以后，房东不需要第三方，就可以对租客远程授权或者取消授权。在奢侈品和艺术品市场，可以用区块链进行产品认证和溯源，谨防假冒伪劣商品。

　　其次，区块链信任机制带来的好处让交易方式灵活多变。比如智能家居和超市联网，可以自动确认交易，完成交割。新的区块链技术可以根据消费变化，不需要发起者再度干预就直接补货。这将对物联网的发展有着重要的意义。

　　最后，区块链信任机制带来的好处就是利用智能合约，突破交易量大小的约束，实现 P2P 的"微点"交易。

　　例如，美国的 Consen Sys 和"羽国"（Ujo）音乐目前正在尝试追踪网上单曲播放和收费。在当前 P2P 的模式下，对非法下载的消费监控和执法成本较高，难以实现追踪收费，导致知识产权难以维护。以后，有了区块链技术，只要有点击，加密后的信息总账就有记录，就可以强制实施收费，这能够帮助小微原创者得到应有的报酬。

　　区块链所衍生出来的技术能够降低信任实现的成本。在区块链的内部具有时序逻辑，合作者根据贡献的大小，都有一本加密的历史账，当任务完成时，合作者可以根据这个可以信赖的系统自动实施，有效降低相互信任的成本。

　　纵观互联网的发展史，我们看到每一技术的革新，都伴随着信用的升级。最开始，我们不相信陌生人搭建的网站上的信息是真的，接着我们不相信陌生人通过网络卖给我们的东西是真的。我们的信任，从现实转向虚拟，从熟悉转向陌生，从中心转向去中心。非常有幸，我们能亲眼见证这一切的发生。

区块链 ≠ 区块 + 链

2009 年，区块链技术随着比特币的出现应运而生，但没有受到人们的重视；直到 2015 年，比特币才走入了大众的视野，并受到了人们的重视；2016 年区块链技术得到了大量机构的概念验证；2017 年，区块链应用开始各种发力，在各方都产生了极大的影响，区块链技术进一步影响了人们的世界。

区块链技术的应用非常复杂，因此很多带有欺骗性的项目扛着区块链的大旗混入了人们的生活中。专业人士认为，从白皮书来看，有超过 90% 的项目很难落实，有可能沦为空气币，甚至还有打着区块链幌子的传销币。另外，在很多区块链项目中，代币的价格仅仅和交易挂钩，属于投机炒作的性质，短期内的价格和业务发展的关联并不是很大，正因如此，监管部门才对区块链项目采取了严厉的措施。

由此我们可以看出，区块链并非简单的"区块 + 链"的模式，那么，区块链究竟是怎样的一种模式呢？

从区块链对各方面产生的影响来看，区块链将会是一个"区块 +"的模式，有可能改变乃至于重新塑造全球金融行业的基础架构，加快金融创新和产品更新换代的速度，极大地提高金融运行效率，重新塑造信用传递交换机制等等。区块链有希望成为"互联网+"之后又一个受到热捧的对象。

区块链技术是一种全新的金融高科技，引导着未来新金融的发展。想要解决金融产品发展的问题，首先要解决的是金融的核心问题——风控问题。区块链技术中去中心化特点能够让金融产品变得更加安全，也因此区块链技术能够在金融行业取得越来越多的成果。

在国际金融市场上，美国中央银行、瑞士银行以及一些保险、期货公司都对区块链技术进行了大力度的研究。

图 3-3　2017 年国内区块链发展现状

区块链是一种具备去中心化、安全性高、信用成本低、无法篡改、资料公开透明特点的分布式账本技术，具有很大的技术优势。其中，区块链解决了中介信用这个重要的问题。在区块链技术的影响下，比特币第一次实现了人类在没有任何中介机构参与的情况下，完成了双方可以相互信任的转账行为。尽管区块链技术是在比特币出现之后衍生的一种技术，但其技术所衍生出来的价值已经远远超过了数字货币。

区块链技术在传统金融服务以及 P2P 领域、众筹等互联网创新，以及金融监管、防范金融风险、打击非法集资等领域都有着非常广阔的应用前景，从而使区块链技术正逐渐成为互联网金融乃至整个金融业务等关键领域的基础设施。

除了金融领域之外，"区块链 +"的模式已经渗入了生活中的各个方面，其主要影响有以下几方面：

区块链 + 人工智能

区块链技术让人工智能软件实现了远程实施。在人工智能设备的整个生命周期内能够主动更新设备。在一项新的设备推出之后，经过一段时间之后，其缺陷就能显现出来。通过人工智能进一步获益。区块链技术能够允许各方共同商定设备的状态，并根据由语言编码而成的智能合约做出决策。

区块链 + 供应链

如今，食品生产呈现了小型化和本地化的发展趋势，在这样的情况下，利用区块链技术获取信息的时候，不仅能够获得溯源信息，还可以获得更加精确的信息，例如生产时间、当时温度、是不是有食品安全认证、是不是有机生产等信息。因此，区块链技术推动了更安全、更经济、更可持续的食品体系的发展。

区块链 + 大数据

区块链和大数据是两个独立发展的技术，在大数据发展遇到瓶颈的时候，区块链技术为其提供了解决的方案。而随着技术的不断发展，大数据技术为区块链技术提供了适当的发展环境。只有将区块链和大数据相互融合，共同发展，才能获得真正开启全新时代大门的钥匙。

区块链 + 跨境支付

目前，跨境电商中采用电汇作为直接支付方式，存在手续费极高、周转期漫长、中间环节多、频繁出现跨境支付诈骗行为等缺陷。因此把区块链技术应用于跨境支付中，即使没有中转银行这个角色，也能让跨境电商在低廉的成本下安全快速地完成。

区块链 + 鲜花

所谓的花卉物联，就是对花卉产业链集中起来，让产业不再分散进行发展，实现扩大规模经济效应的目的。在 Flowers Chain 花链体系的作用下，能够促进花卉产业链和各环节有机地联结在一起，进而根据社会资源状况和市场需求状况的变化，在产业链之间进行合理配置生产要素，协调各产业链环的比例关系，产生系统效应和能量聚合，最终实现产业链效益的最大化。花卉物联以及区块链和花卉行业相结合的创新性运用，颠覆了传统的花卉市场，成为花卉行业的止痛剂，是花卉行业迈向新征程的推动器。

目前，金融服务行业在区块链技术的应用上比较成熟，但其他行业的应用仍然处于探索起步阶段，只要我们对区块链技术加以准确的应用，区块链技术将会得到逐步的更新和完善。

区块链的"链条"上都记录了什么？

在人类的历史长河中，有很多伟大的发明，看似很简单，却对人们的生活产生了极其深远的影响。

活字印刷术，只是将整版雕刻成了一个个的活字进行排列，就极大地提到了印刷的效率，让书籍不再那么昂贵，让更多的人都能看得起书，打破了教会对知识的垄断，引发了宗教改革。

复式记账法，仅仅是在流水账的基础上，将每种资产单列出一个账户，让两者相互印证，这样能够让商人更加系统了解自己的业务，从而扩大商业规模，催生了资本主义的发展。

坦克，只是"一台装上火炮或机枪的拖拉机"，却改写了人类的战争史；集装箱只是一个简单的能装卸的箱子，却让人类的航运迈入了新的征程。互联网只是将电脑通过网线连接起来，却因此改变了所有行业的历史。

区块链就是这样一个简单而伟大的发明。在前文的讲述中，我们提到区块链是一个分布式的账本，但这个账本上到底记录着哪些内容呢？

一、"账本"上的历史记录不可篡改

对于普通的分布式数据库来说，其所有者掌握着其中记录数据的命运，所有者想增就增，想删就删，这样可以确保很高的效率，却让数据库用户的不安全感与日俱增。区块链应用，并没有一个统一的所有者，因此上面的每一笔记录，都需要获得所有节点的同意才能记上去。同样的道理，如果记录上的数据想要更改的话，必须经过所有节点同意才能更改。这样做的效率虽然很低，却拥有很高的信用度。区块链依附于整个互联网，没有谁能够控制整个互联网，因此也就没有谁可以控制区块链账本。

也就是说，相互陌生的节点能够利用区块链技术，构建一个不可篡改、高度可信的统一账本。在《经济学人》中对区块链有这样的描述：区块链是一台制造信任的机器。现在，是不是觉得它有那么一点厉害了？对于那一点"浪费"是不是也可以接受了？如果你是一个自由主义者，也许还会欢呼雀跃，因为区块链打造出了一个不受政府控制的东西。

二、不一样的账本

区块链应用是一个账本，我们提到很多次了，这里就不多做赘述了。账本是随处可见的，而区块链账本的不同之处在于，它的账本是存储在世界各地的电脑上的，并且每台电脑的账本都保持同步的记录和更新。很多人会认为这并没有什么了不起的，反而觉得一个账本存这么多份，非常的浪费资源。如果是一个程序员的话，他会不屑一顾地说："哦，不就是个分布式数据库嘛，有什么稀奇的啊。"

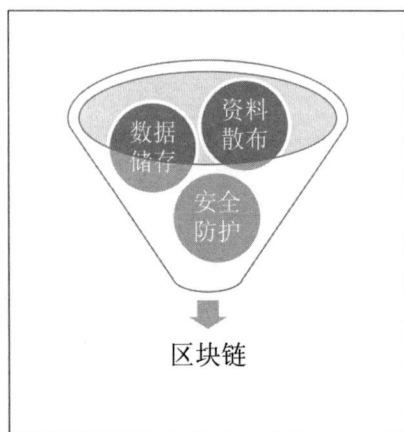

图 3-4　内容丰富的区块链"链条"

的确，区块链应用是一个分布式数据库，表面上看是非常浪费资源，但它也确实存在着伟大的一面——其不同之处能引发巨大的蝴蝶效应。

区块链应用和普通的分布式数据库有一个最大的区别，普通分布式数据库只存在于某一公司或机构内的多台电脑上，尽管它也追求"分布式"，但它仍有统一的所有者和管理者，仍然是中心化的。

而区块链的每个节点，是能够被不同的人所拥有的，节点和节点之间可以是陌生和相互不信任的，因此所有的计算机都可以无限制地加入或退出这个网络，这些松散的节点构成了整个区块链应用网络，没有中心，也没有边界。区块链才得以不依赖于单一组织，而是依附于整个互联网。

那么，一个不可篡改的账本，对于互联网来说，将会意味着什么呢？答案是数据确权。

随着互联网的出现，有效地解决了数据的传输问题，数据可以用一个较低的成本从地球一端传输到另一端。与此同时，也产生了另外一个问题——无法确定数据的所有权。因为数据能够轻易地复制粘贴，但其过程并没有被互联网完整地记录下来，因此很难确定一个数据被谁拥有。

如今，我们正处于大数据时代，数据就好比是这个时代的石油，数据不能进行确权，就如同石油不能确权，可以想象这是一个多么严重的问题。

而区块链应用的出现，则轻松地解决了这个问题。在区块链应用账本上，清楚地记录了每个数据的流转，这样，这些被记录的数据是谁的，就会一目了然。

利用区块链技术可以帮助包括审计系统，医疗信息记录，供应链管理，投票系统，财产契据，法律应用，金融系统等各种各样应用程序的开发。开发者可以创造新的应用程序，并将数据保存在区块链上面，同时不会受到直接把数据写入比特币区块链的各种限制，例如写入的数据速度、成本、大小等等。

Factom 很好地维护了一个区块链数据网络，这个网络具有永久不可更改的、基于时间戳记录的特点。在很大程度上减少了进行独立审计、管理真实记录、遵守政府监管条例的成本和难度。

Factom 还可以应用到商业社会和政府部门简化数据记录

的管理当中，进行记录商业活动，并解决数据记录安全性和符合监管的问题。

Factom 正在改变整个世界对于数据的记录方式，并利用比特币区块链技术来保护人们的数据安全。那么，Factom 是如何保障条目的安全记录的呢？

Factom 扩展了比特币的功能，使其拓展到其货币属性之外的事件记录的功能。Factom 设有最小的规则集，应用于永久记录数据条目。Factom 能够让客户的应用程序来执行大多数的数据验证任务。在 Factom 中，唯一强制实施的验证是那些通过协议要求交易 Factoids，购买条目信用，并确保条目进行正确的付款和记录。

Factom 存在一些关于激励运行网络和内部一致性规则，但它不能用于检查用户记录信息本身的真实性和有效性。

比特币在交易的过程中，从一组输入值集合映射到一组输出值集合会受到一定的限制。当满足输入值条件的输入值集合，就能保证系统输入的有效性。这样能够成为实现自动化一个验证过程，因此能够使审计过程变得更加容易。例如，为了记录房地产的产权转让，Factom 能够只记录转让发生那一刻的过程。

在现实生活中，想要对房地产产权进行转让，需要进行一系列复杂的流程。例如，一个地方管辖机构可能对房地产购买者有不同的甚至是特殊的要求，如果买家是外国人、农民，或兼职的居民，其购买的限制条件是不同的。

　　房地产被分成不同的类别，受到其地段位置，房屋价格，或建筑类别等不同属性的影响。每个类别都能够通过自有的规则来反映智能合约的验证和执行过程。在这种情况下，一个单独的加密签名，不能够充分地验证所有权转移的有效性。在这样的情况下，Factom 更多是用来记录房地产所有权转移和交易的发生，并不是验证房地产所有权转移是否有效。

　　从 Factom 的记录过程中我们可以看出，区块链的链条上记录的是详细不可篡改，且明确确权的数据，因此，我们可以放心大胆地将自己的数据放在区块链上，区块链是不会让我们失望的。

公有链、联盟链和私有链

　　随着区块链热潮的兴起，出现了诸多让人眼花缭乱的新概念。例如，经常被提到的几个"链"——公有链、联盟链、私有链等等，这几个链到底是什么，它们之间有哪些不同呢？

　　公有链

　　公有链，是指任何人都能进行读取的，任何人都能进行发送交易活动且交易能获得有效的确认的，任何人都可以参与其中的且形成共识的一种区块链。其中，共识过程决定了哪个区块能够被添加到区块链中和明确当前的状态。通常情况下，公有链被认为是"完全去中心化"的。

　　公有链具有以下特点：

　　1.能够避免用户受到开发者的影响。在公有链程序中，开发者是没有权力干涉用户的，因此区块链能够让使用其开发程序的用户受到保护。

　　2.访问门槛低。凡是拥有足够技术能力的人都可以访问，也就是说，只要你有一台能联上互联网的计算机，就可以进行访问。

3.所有数据默认公开。在公有链上，所有关联的参与者都会隐藏自己的真实身份，这是非常普遍的现象，他们通过其公共性来产生自己的安全性，在这里每个参与者能够看到所有的账户余额和其所有的交易活动，因此公有链上的数据是默认公开的。

公有链的应用：公有链包括比特币、以太坊、超级账本、智能合约等等，其中比特币区块链是公有链条的始祖。

联盟链

即联盟区块链（Consortium blockchains），和公有链有一定的区别，其参与者是有若干组织，且由他们共同管理的区块链，每个组织或机构控制着一个或多个节点，这些节点共同记录着交易数据。联盟链中的数据只能由这些组织和机构进行读写和发送交易。

目前国内比较有影响力的联盟链包括中国分布式总账基础协议联盟（China Ledger）、中国区块链研究联盟（CBRA）、金联盟等。

联盟链适用于组织机构间的交易和结算，比如，如果银行间的转账、支付，通过采用联盟链的形式，就能很好地营造一个内部生态系统。每个银行都可以是一个节点，但要想生成一个有效的区块，一个银行的交易转账行为必须在其他银行节点

（2/3数量）确认的基础上。

和公有链相比，联盟链可以看作是"部分去中心化"，同时，因为节点数量得到了精确的简化，使其能够有更快的交易速度、更低的成本。除此之外，联盟链要求单位时间内能够确认的交易数量更多，因此对于安全和性能有着比较高的要求。

私有链

私有链，具有一定的权限，这个权限是由某个组织和机构控制的，这样的区块链叫私有链，其参与节点的资格具有很严格的限制。

私有链具有以下特点：

1.拥有较快的交易速度。和其他区块链相比，私有链的交易是最快的，甚至超过了一个区块链常规数据库的速度。这是由于就算有少量的节点，但也都具有很高的信任度，并不需要每个节点来验证对应的一个交易。

2.隐私得到了更好的保障。私有链可以使在其区块链上的数据和另外一个数据库中的数据几乎完全一致；私有链还可以不用处理访问权限和使用所有旧的办法等问题；私有链上的数据不会公开地被连接网络的任何人获得。

3.大幅度降低交易成本，交易成本可以低至为零。在私有链上，可以进行完全免费或者是非常廉价的交易。如果由一个实体机构控制和处理所有的交易，是不需要再为工作而收取费用的。

如果是由多个实体机构完成交易的处理，例如，竞争性的银行因为同样的原因，也是能够如此快地处理交易，所需的费用也是非常小的。

4. 能够保证其基本的产品不被破坏。基于这一点，才能让私有链在目前的环境中被银行等金融机构欣然接受，银行和政府利用私有链，可以让它们在监管产品上拥有既得利益，同时用于跨国贸易的国家法定货币仍然是有价值的。

私有链的应用：Linux 基金会、R3CEVCorda 平台以及 Gem Health 网络的超级账本项目，这是正在开发的几种不同的私有链项目。事实上，从各大国际金融巨头陆续加入 R3 CEV 区块链计划这件事情来看，私有链获得了金融集团的青睐。

R3CEV 是一家区块链创业公司，总部位于纽约，由其发起的 R3 区块链联盟，如今已经吸引了 50 家银行巨头参与其中，其中包括富国银行、美国银行、纽约梅隆银行、花旗银行、中国的平安银行等等。

2016 年 4 月，R3 联盟推出了名为 Corda 的区块链平台，一个专门为银行准备的分布式金融解决方案，能够用来管理和同步各个组织机构之间的协议。

一个新兴的东西总是伴随着各种争议，对于公有链、联盟链、私有链来说也是如此，各方都保持着不同的观点，这里我们主要说一下有关公有链和私有链的不同观点，因对于公有链和私有链孰优孰劣的问题，一直伴随着无休止的争论。

支持公有链的观点

Ledger 首席执行官认为，公有链的抗审查潜伏着颠覆社会的能力，但私有链不过是银行后台的一个成本效率工具。

许多人认为私有链大多是供私人企业使用，其用处并不是很大，这是由于私有链的用户要依赖于管理区块链的公司这个第三方机构。因此，也有很多人认为私有链目前不是区块链，而是已经存在的分布式账本技术。

支持私有链的观点

CHEX 首席执行官说："私有链与传统的数据库基本没有差别，私有链与美化了的数据库意义是一样的。但是其好处在于，如果开始将公共节点加入其中，会有更多节点。开放的区块链是拥有一个可信任账本的最佳方法。去中心化的范围越大，也越有利于该技术的采用。"

一部分人则认为私有链能给许多金融企业问题提供公有链不能解决的解决方案。

中立的观点

Yours.Network 创始人说："私有链可以有效地解决传统金融机构的效率、安全和欺诈问题，但是这种改变是日积月累的。私有链并不会颠覆金融系统。可是，公有链有潜力通过软件取代传统金融机构的大多数功能，从根本上改变金融体系的运作方式。"

　　实际上，公有链、私有链、联盟链都只是区块链技术的组成部分，而技术仅仅是一种工具，如何在不同的场景应用好不同的工具才是技术进步的关键。

从 1.0 时代到 3.0 时代

随着脑白金开始向区块链方向迈进，迅雷、天涯、柯达这些人们熟知的名字纷纷加入了区块链大军，这也预示着 2018 年将会是区块链技术向 3.0 时代腾飞的一年。

2018 年，区块链的风潮更加猛烈，一边是有区块链概念就能拉动股价大涨的股市新闻；一边是币圈中一个接一个令人难以置信，却又真实发生的涨币和制造财富故事。这所有的一切，让人们感觉到新一轮打破世界财富格局的机会正在悄悄降临，你做好抓住这个机会的准备了吗？

比特币交易所表示，炒币只是区块链 1.0 时代的一个简单产物，我们不能被它限制住脚步，如今区块链 3.0 时代已经悄然来临。或许在 20 年之后，我们会像讨论今天的互联网一样讨论区块链。

1.0 时代是以比特币为中心的"货币时代"。比特币从 2009 年诞生起，到逐渐受到人们的广泛认可的过程中，兴起了诸多行业以及周边服务，例如，钱包、工具、交易所、挖矿、矿机业务等等。

区块链 2.0 时代，则是通过比特币区分叉出的块链或构建另一套区块链技术，从而创建更加广泛的协议，生成内在的新的货币，因此区块链 2.0 时代被称为"代币时代"。

以太坊，是代币时代中重新建立一套区块链的典型代表，其区块链的内在代币就是以太币。也就是说，以太币建立了一套更加灵活且通用的框架系统，在协议层面和应用层面的创新使开发者们能够在这样一个全新的应用程序上，轻松地创建新的协议，在这个区块链上会使用智能合约构建新的代币。关于以太币和智能合约，我们在接下来的文章中会进行详细的解释。

那么，当区块链进入 3.0 时代的时候，会产生哪些现象呢？各种协议体系、各种代币之间相互"跨界融合"？又或者产生智能化的去中心化监管？

我们并不知道这些问题的答案，但能够肯定的是，随着区块链技术基础架构的不断完善，未来的两年时间，将会奠定整个区块链行业的发展基础。

2017 年，区块链项目开始出现了井喷式爆发，在其背后有着强力的催化剂——ICO（首次币发行）。和传统创业公司募资不同，区块链创业公司是通过 ICO 的方式，向公众预售新的代币来进行筹资，作为团队开发各种基于现有区块链（或全新区块链）的协议和应用的研发资金。其中，波瑞是这个领域中通过 ICO 方式进行筹资的开拓者。

2013 年，波瑞在开发支付系统时，创建了大约 1000 亿

XRP 代币并且进行销售，以此来支持平台的发展；2014 年，以太坊同样利用了该方式在网络上进行公开募资。这一方式可以说已成为之后区块链项目的主要募资方式，同时也彻底颠覆了传统互联网创业公司的融资框架和成长路径。

传统的创业公司，需要历经从 Seed 到 A、B、C、D、E 等诸多轮次的通关升级和最终大考才能走到公众（IPO）面前，区块链创业公司则打破了这一模式，在开发的初始阶段，现在绝大多数都是 idea 阶段，就能够面向公众进行筹资。

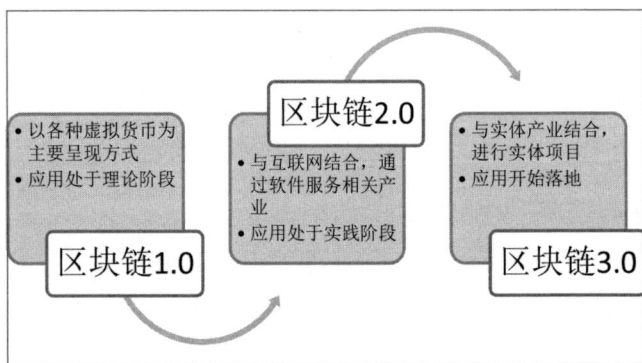

图 3-5　区块链 1.0 到 3.0

2017 年底，世界四大会计师事务所之一的 EY 出的一份 ICO 报告中显示，他们所调研的 372 个区块链项目中，仅有 5% 的项目处于开发阶段，有 11% 处于发展阶段，剩下的则都处于 idea 设想阶段。发展到 2018 年，有 64% 的项目计划处于发展阶段，36% 的项目则是计划在 2019 年或者是更遥远的时间。

　　和 IPO（首次公开募股）相比，ICO 最大的差别就是监管方面的问题，因此会出现"野蛮生长"的现象。上市公司必须要满足一系列的法律要求和流程，并在国家政权交易委员会的监管下。进行区块链 ICO 的区块链公司，则处在监管的"荒漠地带"。

　　基于代币预售的原因，代币所依托的区块链网络协议或应用仍然处于开发或者是设想的阶段，造成了公众很难对代币的价值做出一个标准而客观的判断，因此代币的定价权仍然掌握在创业团队的手中。投资者们只能依靠有限的资料，对代币和项目的价值进行判断，有限的资料包括：白皮书，项目可行性与逻辑推理，团队背景，顾问站台。

　　现在出现了一些网站利用人工＋机器的方式帮助人们对一些募资的区块链项目进行测评，尽管如此，投资区块链项目仍然存在着一定的风险。因为公众无法从根本上知道一个团队为什么要融这么多的钱，更无法知道他们所融的钱到底怎么花了，如果团队跑路或是消极怠工，公众所投的钱岂不是打了水漂？

　　因此，要想手上的代币展现出真实的价值，就要寻找到一个好的项目，好的项目则是要靠团队的自律和自觉，并且要保证在发展的过程中不会出现任何的意外状况和不利事件，直到项目正式运行并发挥效能的时候。

　　那么，现在为什么会出现区块链项目热潮和"炒币"现象呢？主要有两方面的原因。

一方面，由于市场热和来自公众的"错失恐惧症"，人们总是会担心一旦错过了这个机会，就会彻底错失下一个和"以太坊"类似的有价值的项目投资机会。

另一方面，和团队的炒作宣传、销售技巧也有一定的关系。由于缺乏最基础的价值评估，从而导致了当这些代币进入交易所的时候，会出现剧烈的波动。

当然，随着ICO热潮的兴起，区块链项目的投资也从1.0过渡到了2.0阶段。

1.0阶段：面向公众的纯ICO方式。

公众能够参与投资的门槛是非常低的，基本上就是找到项目的ICO链接转以太币，从而获得代币。而从2017年10月至11月开始，这样的募资形式已经悄然发生了变化，逐步进入2.0阶段。

2.0阶段：私募＋【ICO】＋交易所。

2.0阶段是机构入场的阶段，很多项目在ICO之前就已经首先进行了一轮私募融资。有些机构甚至通过较低的价格包揽了项目将要发行的所有代币，进而直接上交易所，获得最终的利益。

在这一阶段中，公司如果要做ICO，就会提高面向公众募资的门槛：开通白名单做KYC（了解你的客户）认证，在项目方审核通过之后才会给予一定的购买额度。如果遇到不错的项目，个人不是获得很少的额度，就是根本抢不到额度。

现如今，有越来越多的区块链项目登场，在某种程度上看，已经脱离了其真正的价值和对现实世界的开发和探索，已经逐渐演变成一种炒币圈钱的资本主义游戏。

如果抛开炒币圈钱，抛开币圈的浮躁和泡沫，对于区块链项目的价值投资其实是非常考验投资者的水平的。因为投资者要在有限的信息内对项目以及未来发展的预期做出一个判断，在众多眼花缭乱的白皮书中，挑选出一个或几个比较靠谱、市场需求大、方案相对完善可行的项目，但这仍然是一个风险系数比较高的游戏，并不适合大众参与。

尽管如此，比特币及区块链技术的出现，仍然给现实世界带来了巨大而深远的影响和冲击。很多领域还处于相对早期的探索阶段，存在诸多的不确定性和不完善的地方，这也是所有新科技发展的必经之路，需要经历不断的技术迭代和改善。

有了区块链，我们还需要"支付宝"吗？

小白："小红，借我 100 块钱吧。"

小红："可以啊，现金还是转账。"

小白："现金吧，这样比较方便。"

小红："不行啊，我要是给现金的话，你到时候不认账怎么办呢？"

小白："那你给我转账吧，银行、支付宝、微信你来选。"

小红："这种第三方虽然能信用背书，但如果跨行的话，银行是要收取手续费的，而且银行的业务也会出现问题，经常会出现存款不翼而飞的新闻。支付宝也不安全，今年六一的时候，支付宝在我名字后面加了'宝宝'两个字，自己的账户竟然可以被随意更改，是让人觉得很不自在的一件事。"

"不如这样吧，我们按照区块链的规则来为这次的借款行为进行记录吧。这样，我们不仅不需要互相信任，还免去了中介的麻烦。"

"我们中间有一个人写借款收据，通过抛硬币的方式来决定写借款收据的人（区块链的记录规则是让全网的节点进行比赛，哪一个节点先跑出既定规则的随机数，就获得了记账的权利）；不管我们谁来记账，另一方都需要将写好的借款单照抄一遍自己保留（这就是区块链的同步备份，每个节点都会对相关的内容进行备份，这样才让区块链上的数据不容易丢失且不能被篡改）；最后，在借款单上盖章，章的印记没被破坏的话就意味着数据没有被篡改。"

小白："这是我见过最先进的记账方式了，我们之间不需要相互信任，也不需要第三方的信用背书，且能够保证内容的真实性，我们就用这个方法。"

从对话中我们可以看出，区块链所具有的四大优势决定了其在解决中心平台垄断、信息不对称方面有着非常广阔的前景。区块链技术的应用场景已经从单一的数字货币广泛深入到大量的社会其他领域，例如，跨境交易、二手交易、司法、物联网等等。

我们每天都在享受支付宝、微信等网络支付工具的便利，当年的支付宝可谓是风光一时，甚至颠覆了银行的传统模式，但在对话中我们也了解到了支付宝存在的安全隐患，那么区块链技术能否打破"支付宝"这样的支付运营模式，成为新一代的支付"神器"呢？

2017 年"双十一"，淘宝累计销售额 2539.7 亿元，支付宝则为此做出了巨大贡献，这是网络支付的一个缩影。近几年以支付宝、微信为代表的网络支付工具成了互联网电子商务兴盛的"保护伞"。正如马云改变了银行的传统模式一样，区块链的到来，能否改变"支付宝"的交易模式，或者换句话说，区块链来了，我们还需要"支付宝"式的支付方式吗？

如今，各大互联网企业纷纷涌入了区块链，对于区块链领域人才的争夺也进行得如火如荼。关于这样的消息有很多，包括小米、联想和苏宁易购等公司都在高薪招聘区块链技术大神，在高薪的光鲜外表下，隐藏的则是各大企业对区块链的暗中布局。

IPRdaily 联合 incoPat 创新指数研究中心发布了"2017全球区块链企业专利排行榜（前 100 名）"，全球排名第一的是阿里集团，拥有全球专利总量高达 49 件。与此同时，中国人民银行数字货币研究所排名第三位，拥有全球专利总量 33 件。

值得一提的是，中国入榜的企业占的比例为 49%，在前10 名中，中国企业占了 7 家。或许是由于马云成功撬动了金融业的天平之后，业界的领导们都认识到了互联网科技所带来的魔力，每一个业界的顶尖人物都不想在新的领域中落伍。

这是由于新的事物让大家处在同一个起跑线上，从而让趋利的资本有了青睐的情绪，毕竟可以利用当前信息的不对称性，做一些有益于企业布局的事情。在这样的背景之下，让"支付宝"式的企业们心急如焚。

区块链技术从一开始被大家公认的好处就是解决了人和人之间的信任问题，这是基于人和人之间的不信任基础之上，在支付宝中也有着类似的作用。

举个例子来说，在淘宝上，买家和卖家互不认识，因此都有了各自的担忧。买家担心直接付款之后，卖家不发货；卖家担心直接发货后，买家不付款。在这样的情况下，支付宝就闪亮登场了。

当买家付款到支付宝上，支付宝会将这一情况转告给卖家，卖家得到这个消息之后付款，当买家确认收货之后，支付宝才会将货款放给卖家。在整个交易过程中，支付宝承担的是一个信用中介的角色。除此之外，支付宝还保证了淘宝平台交易的真实性和付款的便捷性。

而区块链技术，则能够比支付宝更加高效可信的解决这两个问题。例如，区块链技术的应用，能够把产品从原材料采购、生产、运输等这些过程全都准确且不可篡改的利用区块的方式记录下来，除此之外，还能将买卖双方的身份、信用等记录下来，其能够快速地查询到。在这样的情况下，甚至只需要启动区块链技术下的某个应用软件按钮，就能够快速完成所有交易。

既然区块链如此厉害，我们还需要支付宝吗？事实上，我们应该将其分解为两个问题：一个是区块链技术的应用比支付宝现有的技术要强，一个是区块链技术的出现，未来还需不需要"支付宝"？这是两个不同的问题，我们不能偷换概念，将其理解为谁替换谁的问题，两者应该是相互协调，共同发展的。

随着技术的不断进步，区块链技术得到了空前的发展，越来越多的金融机构考虑采用区块链技术提高效率，降低成本。

凡普金科创始合伙人、董事长张辉认为，"以人工智能为代表的技术发展，为市场拓展新的空间，将成为金融发展的一大机遇。未来，金融服务将会更加去中心、更加线上、更加智能，从而为整个行业带来颠覆性变革。"

第四章

区块链中的技术要素

不得不提的"去中心化"

区块链中的分布式账本，其实就是一个系统，分布在成千上万人的计算机系统中，它具有去中心化和没有更高权威等特点。从本质上来说，区块链提供的是一种分布式的手段，来担保和核实交易，为最终甩开中心化奠定了坚实的基础。

在历史发展的潮流中，存在着这样一条规律："论天下大势，分久必合，合久必分。"所谓的"合"，就是集中管理，在这里我们可以说它是中心化；所谓的"分"，就是分散管理，也就是我们所要说的"去中心化"。

中心化状态在这个世界上已经存在太长的时间了，从以血缘关系建立起来的部族群落的上古社会，到封建思想盛行的王权社会，再到由资本主义和社会主义统治的现代社会，从其本质上来说，都是不同形态的"中心化组织"。

中心化，其实就是一种集权模式。我们可以举些例子，比如中央银行在银行系统中，具有最高的权利，没有其他的分店；比如之前的门户网站，是由网站中的编辑负责编写网站中的文章，编辑们就拥有了分发和置顶文章的权利；比如北京城是以天安门附近的区域为中心，向四周分散开来的。

　　中心化具有行政、管理机制明确统一的好处，能够将力量集中起来去办一件大事情，这样能够提高办事的效率。但也存在着一定的缺点，例如，管理和仲裁的工作十分复杂，而且机制中的任何一个环节出现了缺陷，都会使整体受到损害。除此之外，由于权力制约不集中，就会导致系统不堪重负崩溃，或者是集中起来的力量会办坏一件大事这样的情况。而随着技术的不断发展和人类文明的不断进步，这样的中心化生活模式也会逐渐地被打破。

　　现如今的社会，人们变得越来越独立，而独自一人就能运作的事情也越来越多，这样就逐渐增大了个人行使的权利。在这样的情况下，当个人具备能够足以完成社会运作的能力的时候，就会让中心化的大机构、大组织存在的必要性变得越来越弱。

　　人类的文化模式，在互联网的冲击下，正在全面走向碎片化。在这之前，每一个社会都是单个的中心化社会。就比如，之前我们想要了解一个信息需要通过一个权威的媒体，权威是传统社会的信息中心。

　　而如今，我们想要了解一个信息，不只是单一地从电视中获得，不用每天晚上7点的时候从《新闻联播》中获得，我们可以随时从互联网上获得，我们的手机可以随时接收和发送信息，随时随地制造信息，随时随地自娱自乐。

　　在这样的情况下，每一台电脑、每一部手机、每一个人就都变成了一个信息中心，整个的人类社会就进入了多中心的社会，人类也就进入了"多中心时代"。

在信息传播的角度，去中心化在某种程度上取得了巨大的成功，这一点在网络媒体中体现得淋漓尽致，在网络媒体中，传统信息传播金字塔中的"信息中心"变得越来越不重要了，取而代之的是原来传播中的"受众"，如今的"受众"已经变成了新的信息源。

举个例子，新华社、新华网、人民网、纽约时报、新浪网和雅虎，这些信息平台都属于传统意义上的"信息中心"。而随着博客、微博等以及社交网络的兴起，网友们将这些传统的信息平台发展成为新的信息中心。

在这样的情况下，无论是从哪一个角度去看，在网络中都已经基本形成了人人都是中心的格局。人们围坐在收音机旁听广播，在电视机前看《新闻联播》的时代已经离我们越来越远了。

说了这么多，有人可能会产生这样的疑问，去中心化，是不是就不要中心了呢？答案是否定的。去中心化，并不是没有中心，而是由节点来自由选择中心、自由决定中心。

通俗点说，所谓的中心化，就是节点由中心决定，节点是依赖中心"存活"的。因此，去中心化也不可能是没有中心的。

在区块链的去中心化中，每一个人都有可能成为一个中心，区块链世界中的任何中心都不是永久的，只是阶段性的，每一个中心对节点都不具备强制性。

去中心化的思想不仅波及了网络和传媒，在资产分配领域同样也涉及了。

在数百年前，莎士比亚著作《威尼斯商人》中的安东尼奥说过："我买卖的成败，不是仅仅将希望寄托在一艘船上，也不是依赖于一个产业，这样，我所有的财产，才不会因为一年的盈亏而受到影响。"

安东尼奥的话其实反映的就是现在人们经常所说的"不要将鸡蛋放在一个篮子里"的策略。因为在资产配置上，同样需要分散风险和资产。

如果篮子里的资产相互关联的话，不管资产配置得多么分散，都是不能达到分散风险的效果的。就比如，一个市场整体上处于下跌通道，而且市场中的绝大多数资产都是相互关联的，如果将资产分配得越分散，就意味着越稳定的资产损失。与其这样，不如进行一场孤注一掷的赌博，将所有的资金配置在一个和多数资产不相关或者是反相关性的资产上。

如果这些资产的相关性是未知的，运用区块链原理的话，就应该假设这些节点都具备决定的自由决策权，而不是让开发者或者是一部分具备更高的权利，通过授信或者是委托的方式来让他们记账。

正如普林斯顿在比特币公开课所说："比特币的共识算法十分依赖随机化。它摒弃了发生共识的特定的开始时间和结束时间，取而代之的是随着时间的推进，你认为的某些区块将被共识的概率越来越高，观点分歧的概率则会以指数级下降。这些模型中的区别正是比特币能够绕过传统的对于分布式共识算法的不可能结果的关键所在。"

以上是从经济和科技角度来看待去中心化的，接下来我们从社会发展的角度来认识它。

在之前，由于受到技术和制度的约束，人人平等和人人自由都是一个美好的愿望，在现实生活中是很难真正实现这一美好愿望的。

而区块链技术的出现，则在技术上实现了真正去中心化的可能，它必将会促进社会的变革和进步。

区块链这个网络记账本，想要伪造它需要付出很高的成本，理论上是不会被伪造的可能性大。正因如此，区块链技术受到了很多投资行业的青睐，全球顶级的九大投资行都投入了巨大的资金进行区块链的研发，可见区块链的去中心化技术将会有一个空前的发展空间。

在将来，当机器人替代人类去完成大多数的生产的时候，仍然使用中心化系统的话，就会导致大规模人的失业。而采用去中心化系统的话，每个人都能够依靠自己的机器人来养活自己，从而形成一个自给自足的经济模式，这也给未来的可持续发展提供了无限的空间。

未来世界，将会是一个完全去中心化的世界，不会再有任何的以人或组织为单位的权威或者是控制中心，每个人或每个组织都有可能成为中心，这样就会大大提高信息的流通效率，进而推动世界的巨大进步。

不过，去中心化的道路还有很长的路要走，我们还需要不断地探索，不断地普及，不断地进行完善。

哈希算法与密码学

在各大影视剧中，经常会出现这样的镜头，在传送一份秘密文件的时候，为了躲避敌人的入侵，经常会使用密码传送的方式，进而让消息能够顺利地传送。很多人在看过影视剧之后，都会被密码强大的"功力"所折服，那么密码究竟存在着怎样的魅力呢？

密码，是通信的双方为了让机密信息更加安全的进行传送，按照约定好的法则，对信息进行特殊转换的一种手段。依照其法则，可以将明文变为密文，也可以将密文变为明文。在早期，密码仅仅对文字或者数码进行加密和脱密的变化，随着通信技术的发展，密码在语言、图像和数据方面都可进行加密和脱密的转换。

密码的不断普及衍生出了密码学，密码学是研究编制密码和破译密码的技术科学，在通常情况下，被认为是数学和计算机科学的分支，同时也和信息论密切相关。

密码学在传送信息方面起到了巨大的作用，这也为区块链资产的发展奠定了基础，比特币的发展就应用了大量的密码学知识。

密码学所涉及的技术非常广泛，包括哈希算法和摘要、加密算法、数字签名和证书等等，除此之外，还涉及了如何使用这些技术实现信息的机密性、完整性、认证性以及不可抵赖性。

在这一节当中，我们主要讲述的是哈希算法。我们可以通过一个例子大致了解一下哈希算法。

在这个世界上的每一个人，想要参加各种各样的社会活动，都需要一个别人能够识别自己的标志。有的人会觉得这还不简单吗，名字和身份证就足以代表了。事实上，这种方式的代表是非常脆弱的，因为重名的人有很多，且伪造身份证的现象也是存在的。

除了这两种方法之外，有一个更可靠的办法，就是将一个人的所有基因序列记录下来，以此来代表这个人。这种方法能够充分地证明我们自己，但却是不切合实际的。这时，我们还可以通过指纹去证明自己，这是一个不错的选择，毕竟每个人的指纹都是不同的。

对于在互联网里传送的文件来说，同样需要一个标志文件的身份。就比如，我们在下载一个文件的时候，在下载的过程中，需要经过很多网络服务器和路由器，那么我们如何才能保证所下载的文件是我们所需要的呢？

我们不可能去检测文件中的每个字节，这会浪费我们很多的时间。而简单地利用文件名和文件大小去检查的话，结果并不是准确的，文件名和文件大小都是极易被伪装的信息。

在这样的情况下，我们想要检验文件是否为我们需要的文件的时候，就需要一种和指纹一样的标志，这样的指纹标志就是我们所说的哈希算法。

由于哈希算法的这种特性，它被广泛应用于区块链工作量证明中，在信息安全方面起到了很大的作用。

哈希算法，就是在任何文件中创造出小的数字或者"指纹"的一种方法。和指纹具有相同的特性，可以通过较短的信息，来确保证文件是唯一的，从而成为文件的一种标志。这种标志和文件中的每一个字节都有着紧密的联系，隐藏着很深的逆向规律。因此，其标志值会随着原有文件发生的改变而改变，以此来通知文件使用者，当前的所使用的文件已经不再是需求的文件了。

这种标志除了能够保证文件的可靠性之外，能够让我们在进行文件系统同步、备份等工具的时候，使用哈希算法来标志文件唯一性，能够帮助我们减少系统的开销。这在很多的云存储服务器中能够应用。

既然哈希算法作为一种指纹，其最终的用途就是在给证书、文档、密码等高安全系统的内容进行加密保护。这主要得益于哈希算法的不可逆性。

哈希算法的不可逆性体现在，你想要获得原有的文件，是不能根据一段通过哈希算法所得到的指纹。除此之外，也不可能简单地创造一个文件，使其指纹和一段目标指纹相同。基于此，哈希算法的不可逆性才能够维持很多安全框架的运营。

在不同的使用场景中，哈希算法的某些特点的侧重点就会有所不同。例如，在数据结构和安全领域里，在运用哈希算法进行管理的数据结构中，是比较重视速度的，主要保证哈希的均匀分布就可以了。

在密码学中，哈希算法主要是用于消息摘要和签名，也就是说，它主要用于对整个消息的完整性进行校验。

举个例子，我们在登录知乎这个 APP 的时候，都需要输入密码，如果知乎对登录密码进行保存的话，就很容易让黑客窃取到大家的密码来登录，这是非常不安全的。如果，知乎就用哈希算法生成了一个密码签名，知乎后台只保存着这个签名值，因为哈希算法具有不可逆的特性，即使黑客得到了这个签名，也没有任何的用处。

因为如果你在知乎网站的登录界面输入密码，知乎后台就会重新计算这个哈希值，并和网站中储存的哈希值进行比较，结果是相同的，就证明你是这个账户的使用者，就会允许你登录。银行也同样采用了这种系统，银行保存的只是密码的哈希值，不会保存用户的密码和原文。

在这些被应用的场景中，要求有很高的抗碰撞和抗篡改能力，对速度的要求就没有那么高了。

一个设计良好的哈希算法，是具有很高的抗碰撞能力的。

事实上，将哈希算法当成一种加密算法，并不是准确的。加密总是相对于解密而言的，如果没有解密，又何谈加密呢，哈希算法的设计就是以无法解密为目的，并且如果我们不附加一个随机的 salt 值，哈希的口令很容易被攻击入侵。

总而言之，密码学和信息安全发展到现在，不是只言片语就能够解释得了的。

分布式系统并不是一盘散沙

在区块链中，有一个高大上的名词——"分布式"，同时也是计算机软件设计中人们喜闻乐见的"不明觉厉"的名词。在很多人看来，它应该是一个比较复杂的系统。事实上，它一点也不复杂，在某种程度上来说，还有些"简单"。

《分布式系统原理和范型》一书中是这样定义分布式系统的：分布式系统是若干独立计算机的集合，这些计算机对于用户来说就像是单个相关系统。

从这个定义当中，我们可以这样去理解分布式。

从进程的角度来看，在两台主机的进程上，分别运行着两个程序，这两个程度相互协调，最终的目的是完成一个任务。在理论上来讲，这两个程序所组成的系统，就可以称为"分布式系统"。

这两个程序可以是相同的，也可以是不同的。如果是相同的两个程序，我们将其称为"集群"，也就是这两个相同的程序，通过不断地横向发展，进而达到提高服务能力的目的。

提起分布式系统，我们首先要说一下它的前辈，也就是集中式系统。和分布式体统相比，集中式系统是一个完全相反的概念，它是将所有的程序和功能都集中到一台主机上，从而向外部提供服务的一种方式。

举个例子来说，这里有一台主机的 PC 电脑或者是手机，我们将各种软件安装在一台机子上，我们需要什么功能的时候，就从这台机子上去获取。

再比如，我们在学生时期，想要做一些课程设计或者是软件开发，我们可以将 Web 服务器、数据库都安装到一台电脑上。

这样做的好处是容易理解，且方便维护，当我们把东西都放到一个地方的时候，我们用的时候找起来就比较方便。

当然，集中式系统也是存在一定弊端的，当存储东西的主机坏掉了，或者是硬盘崩掉了，那么整个存储系统也就崩溃了，所有的东西都会灰飞烟灭，如果备份也在这个硬盘上，结果是更加糟糕的。

对于任何一个系统来说，谁也不能保证存储的机子会永远不坏，也无法保证其系统免遭任何的侵袭，更加无法保证系统本身不会出现 bug。既然问题和失误都是无法避免的，我们就只能把鸡蛋放在不同的篮子里，减轻"一锅端"所带来的风险，这也就是分布式系统存在的原因了。

使用分布式系统，还因为它具有可扩展性。这是由于主机（无论是小型计算机还是超级计算机）在性能上都会有极限性，分布式系统则可以通过不断扩张主机的数量，从而实现横向水平性能的扩展，这也是为什么 Google 的服务器主机，可以用淘汰的二线机子进行拼凑。

相对于集中式系统，分布式系统在实现上会更加复杂，它是难以理解、设计、构建和管理的，这也意味着我们会很难发现其程序所存在的根源问题。

在设计分布式系统的时候，经常会遇到各种各样的困难。

设计分布式系统的本质就是"如果将一个系统拆分成多个子系统，且将它们部署到不同的机器上面"。如果进行拆分，就成了我们首要考虑的问题。

由于拆分后的每个子系统都不能独立存在，必须通过网络相互进行连接，它们之间如何通信就变得十分重要。

在通信的过程中，也要对敌人进行识别，以防信息在传递过程中被拦截和篡改，这就涉及安全问题了。要想适应不断增长的业务需求，还要考虑分布式系统的扩展性，必须能够保证信息的可靠性和数据的一致性。

事实上，上文所提到的每一个问题都不是简单的问题，但是随着科学技术的不断进步，在这个时代中，我们能够共享科技，才让实现复杂系统的成本越来越低。

我们只有充分了解了分布式系统，才能跳出对它所存在的误区。

在提到分布式系统的时候，人们会不自觉地将它和并行计算机联系起来。事实上，这并不是可取的，因为分布式系统不一定是并行的。

如果从整个系统流程来看，并没有什么并行可言。整个过程都是按照一定顺序执行的。只是在执行的过程中出现了"跨设备"的现象而已。由此可以看出，分布式系统就如同字面意思所说的那样，只是在结构角度进行分散而已。

当然，在现实的世界中，由于分布式系统可以和并行之间进行相互配合，在实现分布的同时也是并行的系统，这也是它受到人们青睐的原因。

通过以上的了解我们可以知道，想要实现分布式系统是很容易的，而如何选择正确的分布方案是比较难的一件事情。

就比如，当你想要建立一个分布式的数据管理系统的时候，就必须要面对"一致性"的问题。当你对数据的一致性要求比较高的时候，就必须要容忍一些规模伸缩的问题。如果你想要放弃的时候，就能够轻松伸缩规模，但也要做好由此带来的一系列数据不一致而导致的问题的心理准备。

这时，你就会意识到，为了让你的问题得到正确的解决，你必须对众多的方案进行一一的了解和评估。这时由于不同的方案存在着很大的差别，有时候会对整个系统中的其他部分的工作方式产生深刻的影响，甚至会影响用户界面及用户操作时的流程。

总而言之，一个标准的分布式系统应该具有以下几个主要特征：

1.不同计算机在空间上的位置可以进行随意的分布，系统中的不同计算机之间没有主、从之分，既没有控制整个系统的主机，也没有受控的从机。

2. 在分布式系统中，计算机可用共享所有的系统资源。每一台计算机的使用者不仅能够使用本机的资源，还能够使用本分布式系统中其他计算机的资源（包括CPU、文件、打印机等）。

3. 系统中任意两台计算机都可以通过通信来交换信息。

4. 与集中式系统相比，分布式系统具有性价比更高、处理能力更强、可靠性更高、扩展性更好的特点。

在实际过程中，我们在应用分布式系统的时候，应该注意以下问题：

1. 将应用和服务进行分层和分割，接着将应用和服务模块进行分布式部署。这样做不仅能够提高并发访问能力、减少数据库连接和资源消耗，同时还能使不同应用使用共同的服务，使业务易于扩展。

2. 对网站的静态资源（如JS、CSS）、图片等资源进行分布式部署，能够减轻应用服务器的负载压力，提高访问速度。

3. 大型网站常常需要处理海量数据，单台计算机经常无法提供足够的内存空间，在这种情况下，我们可以对这些数据进行分布式存储。

随着计算技术的发展，有些应用需要非常巨大的计算能力才可以完成，采用集中式计算的话，就要耗费相当长的时间来完成。分布式计算将该应用分解成许多小的部分，分配给更多台计算机进行处理，既能够整体计算时间，又能够大大提高计算效率。因此，分布式系统并不是一盘散沙，而是有目的地将文件进行分散。

工作量证明机制与严苛的矿场主

在比特币的网络系统中，工作量证明并没有一个十分直观的概念。它主要是满足在生成要加入分布式交易数据库（区块链）中去的一组新的交易信息（区块）时所必需的要求。这个概念脱离了早期密码朋克运动中的概念，对于货币理论来说很新颖，对于计算机科学领域也有点生僻。

在任何一个比特币的区块链中，都包含一个随机数，它是由没有任何意义的数据所构成的短字符串。当它们被挖矿设备搜索到的时候，才会在随机的条件下生成区块。具体来说，在区块中的SHA-256哈希函数中必须具备一定数量的前导零。哈希函数是单行函数，想要获得正确的随机数，或者想要让区块满足相应的条件，都是很困难的一件事情。而不停地随机试探直到搜索到一个有效的数，这是找到合适随机数的唯一已知的方法。

需要注意的是，整个搜索随机数的过程是在完全随机的状态下进行的。为了让区块不那么简单地就完成，这个过程需像宗教仪式那样被刻意地增加难度。事实上，只要加大计算的难度，生成区块的条件怎样设置都是可以的。

挖矿的设备实际上是帮助区块链记账的，而它实际所做的工作，大部分都是寻找正确的随机数，和记账没有任何的关系。但是，用来寻找随机数的能量将会永远消失，它不会像黄金支撑钞票一样支撑比特币的价值。在进入比特币挖矿的巨大计算力中，除了很小的一部分比例之外，其余的全部都被浪费掉了。

矿工们在更新其设备之后，就会提高挖矿的速度，就能够赚到更多的比特币，这是在一个矿工更新设备的前提下。如果所有的矿工都更新挖矿的设备后，整体的挖矿效率并没有得到提高。不管整个网络中的挖矿能力有多强，每10分钟就只能产生一个区块。

而且，随着设备的更新，比特币网络也会提高挖矿的难度，而生成区块的条件也随之变得更加苛刻。所有的矿工都在努力工作，但不一定会从中获得利益。

对工作量概念正确的看法是，是利己但不从属别人的一群人，通过消除分歧而获得共识的手段。如果每个人都能够完全诚实地利用它，即使比特币去掉了工作量证明机制，也能够进行非常好的运行。但是，如果所有人的道德并没有那么完美，想要达成共识就变得很困难了。

比特币的网络里，在新区块生成之前可能会有很多等待确认的交易信息，这些交易信息并不会全部被记录下来，毕竟什么样的交易记录应该被记录下来并没有一个标准的答案。这是由于有的交易可能是无效的，就需要挨个地检查一遍。有些交易记录可能不会涉及任何的交易费用，所以就应该决定这样的交易到底应不应该被记录。

最后的结果是，两个或者是更多交易信息构成某个集合，集合里面的交易不能同时有效，但某些子集合里面的交易却是有效的。就比如，相同的比特币，在一个钱包里的同一时间可能会被花掉两次，如果是这样的情况，需要有一种随机选择机制，来决定哪个交易是有效的。

所以，对于一个给定的交易信息集合，里面包含的交易，可能会潜在着很多个区块，但并没有一个客观正确的，这是一个仁者见仁智者见智的问题，所以对于哪种结果更加可取，是不可能有一个统一的意见的。

对挖掘中新的区块的矿工设立比特币的奖励是必须的，这是一种奖励机制，如果没有这种奖励机制，人们就没有了记账的动力。而有了奖励措施之后，每一个矿工都希望新的区块按照自己的标准去记录交易信息，而不是在别人的标准下进行。

另外，还有其他更加微妙复杂的情况，在有的情况下甚至不用考虑奖金。在挖矿的过程中，有的矿工对于敌人的交易会拒绝确认，或者是涉及费用的时候，他或多或少有可能是利他的，甚至会产生欺诈他们的想法。

就比如说，他想要购买某件商品的时候，就会向目标人士发出比特币，与此同时，他也会将比特币发送到自己的另外一个钱包里，他只确认第二笔交易，这种情况下，第一笔交易就变成无效的了，他没有花一分钱就获得了商品。

因为很多人由于这样的自私想法去操作区块链，矿工们才有可能一致同意需要在一个通用的准则下确认交易记录。

比特币解决这个问题的方法，就是在协议上添加额外的要求，以此来增加退出的代价。如果是由高难度计算随机生成的区块，这样每次只需要提交一个新的区块。

当被挖掘出的新区块出现之后，矿工们会决定是继续寻找新的区块对自己有利，还是接受这个区块然后再去寻找其他的区块对自己有利。每一个接受新区块的人，都会明白他们不仅是在遵守不成文的共识，也明白他们如果足够幸运的话，会生成另外一个新的区块，新生成的区块很有可能以同样的原因被自己所接受。

另外，放弃眼前的区块而去寻找新区块的做法，是非常冒险的一种行为，这需要说服更多的矿工一起进行，还要提出一个大家都能接受的建议。

一般情况下，会有这样一个规律：最先被挖掘出来的区块靠的并不是自立性。对于每一个人来说，这是一个需要靠运气完成的任务。而随后挖掘出的区块则都有可能是自立性的，因为这个区块的产生，矿工们必须要拒绝非常好且有利于他的区块，这是非常困难的一件事情。

在生物学中，有一个不利原理，能够帮助我们解释工作量证明的过程。用这个原理来举个例子，当两只动物具有合作的动机，它们必须能够说服对方，让对方相信它们的善意。为了打消对方的疑虑，在向对方表达友好的时候，还需要付出自己，以至于在自己背叛对方的时候，不会付出过于昂贵的代价。也就是说，需要用对自己不利的方式去进行表达。

各种各样的生物现象，都已经采用不利原理来进行解释。例如，一只羚羊发现自己正在被一只老虎追踪。这个时候，如果羚羊表现出了异样，就会告诉老虎自己已经知道处于险境当中了。

这样做会给双方都带来利益：如果老虎丧失了偷袭的机会，羚羊不能被捕获，则老虎放弃了捕猎羚羊的机会。然而，即使羚羊没有发现老虎，仅仅是为了欺诈可能潜伏在附近的野兽，它可以随口说："我看见你了。"尽管羚羊有可能是在撒谎，但是老虎是不能掉以轻心的。

不利原理在群居动物中，解释了很多关于伦理和利他主义的现象，就如同动物种群中的成员能够用自身的不利条件，在实力和健康方面将自己区别开来，群居动物可以利用自身的方式将自己区分开来。

由此可以知道，工作量证明不应该是神秘或者是铺张浪费的。它有着正常的功效，而且对于任何通信协议得到设计都存在着参考的价值。

当一个人控制了电脑的分布式系统的时候，他能够认为所有的电脑都会听话，因为他在控制着它们的运行。

如果所有的电脑并没有被一个人所操纵，那么所有的电脑都要证明它们是有共同目标的。不利原理在生物界的普适性，应该明白不将费用分摊在使用者身上的协议将会导致滥用，互联网中有很多问题能够被归咎为违反了这个原理。

如果工作量证明在电子邮件出现的时候就被大家所熟悉，就不会有垃圾邮件了。如果在工作量证明出现在网络协议处理用户请求的时候，就不会担心有 BOSS 的攻击了。

权益证明机制与股份授权证明机制

权益证明机制

2014 年 7 月 17 日，彭博社报道了位于英国的比特币交易所 CEX.io 旗下的比特币矿池 GHash.io，曾一度拥有比特币网络中超过 51% 的全网算力，这让它拥有了改变比特币区块中的历史交易的能力，用相同的比特币能支付两次，这样就产生了双花问题，能够延迟甚至取消别人的交易，给别人带来攻击。

这样的攻击问题会在一个拥有权益证明的系统中得到有效的遏制，而类似的攻击可能会在一个拥有权益证明的系统中得到有效的遏制。

那么，什么是权益证明机制呢？

在权益证明机制中，将工作量证明机制中的算力转变成为系统权益，使用者所拥有的权益越大，成为下一个记账人的概率就会越大，从而解决工作量证明机制中所存在的费电的问题。

权益证明系统想要达到既保留工作量证明的好处，又能够消除一些潜在的安全问题，比如我们上面所说的51%攻击问题。目前，有很多项目都在试图让权益证明机制进行不同程度的研究。

在权益证明中，各个节点仍然能够创建和验证新的区块。奖励和暂时放置在网络中的资金量是成正比的。这样就能够严格控制恶意的欺骗行为。就比如，某一个节点上如果同时在多个主链上进行权益证明工作，其链上的资金就会被系统没收。

权益证明机制不能取代工作量证明，只是对它系统的一种辅助和加强。可以作为添加和批准新区块形成的一个简单的附加步骤，就好比是在门上添加的第二道门锁。人们都希望自己的资金能够得到严格的保护，由于工作量证明可能存在51%攻击的潜在风险，一个人只要控制了大部分的算力资源，就能够轻而易举地控制整个网络。权益证明能够在一定程度上遏制这种现象的产生。

虽然权益证明机制能够起到辅助的作用，但是由于其不具备专业化的水准，因此拥有权益的参与者不一定希望能够参与到记账的环节当中。除此之外，权益证明机制还容易产生分叉，需要等待多个确认，永远没有最终性，需要检查点机制来弥补最终性等缺点。

那么，区块链技术在权益证明方面有哪些应用呢？

在网络上的每一笔交易中，其网络中都会有内含的权益证明。交易的发起者希望网络能够接受这笔交易，而网络是否接受该交易则是交易接收方是否发货的标准。在这样的情况下，买卖双方的利益和网络的健康都是息息相关的。毕竟，交易如果无法按预期执行的话，这个网络就是没有价值的。

在每个区块中，一个运作良好的网络都会有上千笔的交易，这就说明几千个利益相关者都能够为网络的安全做出贡献。

在权益证明的制度中，网络价值的增加能够提高网络的安全性。由此可以看出，从长远角度来看，权益证明和工作量验证相比，具有更高的数量级的安全。例如，比特币网络每年支付超过 14 亿美元的工作量验证，用来保障网络安全。这笔费用直接用作电费成本，并没有产生其他的额外价值。而权益证明则可以用零成本能实现更高的安全性。

股份授权证明机制

股份授权证明机制（DPOS），是通过计算的方法来保障加密货币网络安全的方法。它尝试对比特币所采用的传统工作量证明机制（POW）以及点点币和 NXT 所采用的股份证明机制（POS）的所存在的问题进行解决，与此同时，股份授权证明机制还能通过实施科技式的民主以抵消中心化所带来的负面效应。

股份授权证明机制引入"受托人"这样的一个角色，从而大大降低了中心化所产生的负面影响。这里一共有 101 位受托人，他们通过网络上的每个人经由每次交易投票产生，他们的工作是签署或是产生区块。这个投票过程是去中心化的，通过这个投票，股份权益证明机制能够让网络比别的系统更加民主。

股份授权证明机制通过技术保护措施能够确保那些代表来签署区块的人们能够进行正确的工作，这样我们就不用再去完成在网络上信任所有人这个不可能完成的任务了。

除此之外，每个区块在签署之前，都必须在前一个区块已经被受信任的节点所签署的基础之上。股份授权证明机制的设计，其实是缩减了必要等待相当数量的未授信节点进行验证后才能确认交易的时间成本。

确认需求的缩减，将会让交易速度直线提升。签署区块的任务将会托付给由网络推选出的能够信任的人。在这样的设计中，我们不需要设置人为的障碍去减缓区块签署的过程。

和传统的 POW 和 POS 系统相比，股份授权证明机制可以在单一区块内容纳更多笔的交易，让加密货币技术提升了一个新的层次，使其能够和中心化的结算系统相媲美。就比如，目前被使用最广泛的电子支付系统——Visa 和万事达卡。

在股份授权证明机制中，仍然存在着中心化的现象，但它并不是自由的。和其他保障加密货币安全的算法，股份授权证明机制体系中的每个客户端都能够决定谁是被信任的，无须拥有最多的资源人。

这就让股份授权证明网络能够获取中心中的一些主要优点，同时又能够用适当的程度去维持去中心化的本质。通过公平选举的方式会让系统得到强化，并且让每个人都拥有成为代表大多数用户受托人的机会。

在股份授权证明机制中，不会给持股人一把能挖矿的铲子，而是给他们一把能够开启他们所持有股份对应的表决权的钥匙，就能够让持股人获得最大化的盈利。除此之外，网络安全费用的最小化、网络效能的最大化以及网络成本的最小化都是股份授权证明机制产生的背景。

股份授权证明机制的基本特点是持股人永远掌控大权，这样的系统就是去中心化的。即使投票的方式是不够完美的，在涉及某事物的共同经营权的时候，就成了唯一可行的办法。

如果你不喜欢公司的经营者，你可以将股权进行抛售，市场上的反馈会让持股人比普通群众更加理性地进行投票。在这样的情况下，每一个持股人都能选出一个人，作为替代持股人进行区块的签署。这个人我们也可以称为受托人。

想要成为受托人，只需要获得超过 1% 的选票。受托人组成一个叫作"董事会"的组合，轮流签署区块。在这个过程中，如果其中的一位"董事"错过了签署该区块的机会，他的选票就会被客户端自动移走，而他也会被投出董事会，改由其他人加入。

董事会中的成员，是可以受到一些酬劳的，这些酬劳作为他们进行竞选、担负风险、保证上线时间的工资。在获得酬劳的同时，他们也必须缴纳小部分的保证金，金额相当于产生一个区块收入的 100 倍。因此，想要获得盈利，每一个董事要保证有 99% 以上的在线时间。

股份授权证明体系和比特币有哪些不同之处呢？

对于比特币的用户来说，必须要选择一个矿池，一般来说，每个矿池都会拥有 10% 或者是更多的算力。作为这些矿池的运营者，他们就如同矿池的客户端代表。

比特币网络认为，用户会用切换矿池的方式来避免算力过度集中的现象，但从总体来说，网络仍然被五个主要矿池所控制。如果其中的一个矿池不能抵御攻击，在这种情况下，用户就会实施手动干预；如果其中的一个矿池因为故障而下线，区块点生产速度就会成比例地减缓，一直到下线的矿池重现上线。基于此，选择矿池就成了具有政治性的重大事务。

从某种角度来看，股份授权证明机制和美国的议会制度有点相似，不同的是前者是时时刻刻都在选举，而后者则是四年进行一次选举。在了解了股份授权证明机制的细节之后，我们就会意识到挖矿不再是当年的 CPU 投票的愿意了，股份授权证明机制才彻底贯彻了中本聪的思想。

从中我们知道，比特币是以倡导去中心化为开始，似乎已经偏离自己的目标非常远了，当人们疯狂地投入矿机军备竞赛中的时候，会发现我们为此而构建梦想之地的目标已经逐渐迷失在价格的波动中。

"人人参与，人人都可以投票"的思想，和比特币的现状似乎完全没有任何的关系。股份授权证明机制其实才是中本聪原来的思想践行者，它是一个人都可以表达自己意见的体系。

零知识证明：不能说的秘密

区块链和密码学顾问 George Samman 在 2013 年创办了比特币交易平台 BTC.sx，同时 George Samman 是一位区块链金融科技的企业家，经常写一些有关区块链科技的博客。近期，他和毕马威会计师事务所发布了一份区块链架构的报告，其报告的内容是关于正在调研的项目——零知识证明如何保护区块链的隐私性。

零知识证明（Zero-knowledge proofs,zkp）是具有特殊的交互式的一种证明，其中的证明者是知道问题的答案的，他需要向验证者来证明"他知道答案"这一事实，但是会在验证者不能获得答案外的其他信息的前提之下。

零知识证明并不是一个新鲜的概念。在 1985 年的论文《互动证明系统的知识复杂性》首次出现了关于零知识证明的概念。零知识证明是一种密码学技术，允许证明者和验证者来证明某个提议是真实的，并且无须泄露它是真实的之外的任何信息。在密码学货币和区块链中，通常指的是交易信息数据。

想要构成一个零知识证明，必须要满足以下三个条件：

1. 完整性：在论述真实的情况下，诚实的验证者（也就是正确遵循协议的一方）能够通过一个诚实的证明者来相信这是一个真实的事情。

2. 可靠性：在论述错误的情况下，具有欺骗性的证明者是无法让诚实的验证者相信它是真实的，即使相信也只是很小的概率。

3. 零知识：在论述真实的情况，欺骗性的验证者将会无法获得该事实之外的其他信息。

前两个条件是通常意义上互动证明系统的属性，第三个条件形成了零知识证明。

zk-SNARKs 是互动性零知识证明，它具有简洁容易验证的特点。其证明内容是非常简短的。我们可以将其看成是一个逻辑回路，这个逻辑回路需要生成一个证明来验证每一个交易。

而想要达到这个目的，就需要通过对每一个交易进行快照来实现，接着生成一个证明，然后让接收方相信其计算是正确的，并且不会泄露证明之外的其他任何数据。一个 SNARK 执行的基本操作就是将能够解密的数据编码到回路中。

zk-SNARKs 能够很快就被证明，基于此，才能保证运算的完整性，并且不会给非参与者带来负担。这项技术处在发展时期，还具有很多局限性。zk-SNARKs 是激励 CPU 来生成证明，生成新的证明需要 1 分钟的时间，想要形成规模化还是比较困难的一件事情。

我们说了很多专业性的语言，对于很多人来说是很难理解的，我们来举一个例子，帮助大家更好地理解"零知识证明"原理。

阿里巴巴发现了一个山洞，里面有很多的金银财宝，进入山洞需要念一个咒语，而这个咒语只有阿里巴巴一个人知道，这也是阿里巴巴的一个小秘密。

有一天，一群强盗发现了阿里巴巴的秘密，他们抓住了阿里巴巴，对阿里巴巴强行拷问进入山洞的咒语。在面对强盗的强行拷问时，阿里巴巴想：我如果把咒语告诉了他们，他们就会认为我没有了价值，就会将我杀掉节省粮食；我如果死活都不告诉他们密码，就会激怒他们将我杀掉，怎样才能做到既不被杀，又不把咒语泄露给他们呢？

这是一个令人纠结的问题，经过一番思索之后，阿里巴巴想出了一个完美的解决办法。

当强盗向他问咒语的时候，他对强盗说："你们在离我一箭远的地方，用弓箭指着我，当你们举起右手的时候，我就念咒语打开石门，当你们举起左手的时候，我就念咒语关上石门，如果我没有做到或者是逃跑了，你们就用弓箭射死我。"

强盗们很快就同意了这个意见，因为这个方案对他们来说没有任何的损失，而且还能够帮助他们知道阿里巴巴是不是真的知道咒语这个问题。

对于阿里巴巴来说，也没有任何的损失，因为强盗站在一箭之外的地方，是听不到他念的咒语的，不用担心会泄露秘密，同时又能证明自己的咒语是有效的，避免被射死的危险。

强盗举起了右手，阿里巴巴念了咒语，石门就真的打开了，强盗又举起了左手，阿里巴巴的嘴又动了几下，石门又关上了。

但是强盗并没有完全相信，他们认为也许这是个巧合呢，为了进一步确认阿里巴巴所说的事情，他们不断地换着举手，石门跟着他们的节奏开开关关。最终，强盗们相信了阿里巴巴，如果他们认为这只是个巧合，只能说明他们是个傻瓜。

于是，阿里巴巴在没有告诉强盗咒语的同时，又向强盗证明了他是知道打开山洞的咒语的。

这个例子是零知识证明的重要例子，能够帮助我们很好地理解零知识证明。通过这个例子我们可以知道，零知识证明能够很好地保护个人的隐私，同时又能够保证自己的人身安全不受到侵害。

那么，在区块链中是如何运用零知识证明的呢？

在区块链中，ZCASH 数字货币就是使用零知识证明来实现其匿名性的。

对于 ZCASH 数字货币来说，比特币的转账并不是完全匿名的，因为只要知道了一个比特币的地址，每一个人都能够通过 https://blockexplorer.com/ 这个网站，查询到这个地址所有的"消费"行为和关联。

例如，给谁转了账，又是从谁的比特币地址里收到过转账，在基于区块链技术上的"账本"都是"本本分分"地记录着。

如果小黄有 3 个比特币要转给小陈，在账本上就会记录着：小黄转出了两笔比特币，一笔为 1 比特币，转给了小陈；另外一笔 2 比特币，转给了自己。

那么，ZCash 数字货币是如何利用零知识证明实现所谓的匿名呢？

ZCash 的代币为 ZEC，我们同样假设小黄有 3 个 ZEC，要给小陈转一个 ZEC。

首先，小黄会将自己的 1 个 ZEC 分成若干份随机投入一系列的"混合容器"中，指定接收方小陈的地址，同时混入的时候还有其他交易方输出的若干份 ZEC。这些 ZEC 又被混合容器随机拆分，再从这些被拆分生成的所有的 ZEC 中取出合计为 1 ZEC 的若干份，转移到小陈的地址中，同时在发送的时间上也可以设置一定的延迟。

其中的"混合容器"，其实就是一条"公有链"。在这条公有链上会有一系列的"混币"过程，这样就会让包括交易地址和具体金额在内的交易信息变得无从考证了。

虽然 ZCash 以其匿名性，在其市场掀起过很高的热度，但仍然面临着诸多问题和障碍。

要想实现匿名性，所需要的证明信息，就需要花费非常多的计算资源，会带来大量的资源浪费，而其可扩展性也将会面临着巨大的挑战。

除此之外，匿名隐藏着很多不安全因素，很多不法分子会利用它进行黄、赌、毒等违法行为，会增加追踪和监管方面的问题，给社会带来一系列的危害。

非对称加密：用两把钥匙解开一把锁

在北京的小朱给在广州的小李用快递发送了一件衣服，在快递途经上海的时候，在上海快递公司出现了一个黑客小王，他偷偷地打开了这个快递，将里面的衣服剪烂，又按照原样重新包装好了继续发往广州。

由此可以看出，简单包装的快递在运输的过程中，里面的东西有可能被偷偷地修改，甚至是被替换掉。

超文本传输协议（HTTP）的数据包是进行明文传输的，在运输的过程中，如果有黑客截取到了这个 HTTP 包，并偷偷地修改里面的内容，但是小朱和小李是完全不知情的，有可能会产生一定的误会。因此，针对这个问题我们必须有一个解决的办法，这个办法就是加密。加密之后的情况是这样的。

小朱将衣服放到一个保险柜里锁起来，然后打电话告诉小李保险箱的开柜密码是 1234，黑客是不知道开柜密码的，因此他也看不到保险箱里的东西，这样当小李收到快递之后，就会用预先沟通好的密码打开保险箱。这里所使用的手段就是对物品进行加密。

现在，要求小朱的密码只能通过快递的方式传递给小李，这个时候黑客小王同样会截获这个快递，就会知道里面的密码，这样就不能保证快递的安全性了。这个时候就需要另外一个方案，让小朱能够告诉小李密码的同时，让黑客小王无法查看到小朱跟小李通信的数据，于是非对称加密在这个时候就发挥作用了。

我们来看一下具体的操作：小朱拥有两把钥匙，一把叫作公钥，一把叫作私钥。公钥是公开让全社会都知道，没关系，小朱告诉所有人，你们要传递数据给我的时候请先用这个密钥（公钥）去加密一下你们的数据，加密后的数据只能通过小朱的私钥才能解密。

回到刚刚快递的例子，小朱先发保险柜（小朱公钥）给小李，接着小李把自己的保险柜（小李公钥）放到小朱的保险柜（即使用小朱的公钥加密小李的公钥）里边发还给小朱，接着小朱拿到小李的数据包后，用自己的私钥解开外层保险柜（小朱的公钥），拿到里边小李的保险柜（小李的公钥）。

此时小李跟小朱都有了各自的公钥（并且都有他们自己的私钥），接着只要保证每次互相传递数据的时候，把数据放在对方的保险柜里边即可（即每次都用对方的公钥加密数据），这样无论如何，小王都无法解开保险柜（因为只有各自的私钥才能解开各自的保险柜）。

针对这一点我们应该如何理解呢？举个例子，莉莉新建了一个文档，这个文档她只想让自己和小辉看见，于是莉莉为这个文档设置了密码（加密），然后再发送给小辉。

小辉只要知道文档的密码就可以查看其中内容（解密），别人即使拿到文档想看，但没有密码（密钥）也无从查看里面的内容。

所谓对称就是加密和解密的过程使用的是相同的密钥。

和对称加密不同的是，非对称加密算法的加密和解密使用的是不同的两个密钥，这两个密钥就是"公开密钥（公钥）"和"私有密钥（私钥）"。

公钥和私钥的关系是：公钥和私钥通常情况下是成对出现的，如果你的消息使用的是公钥加密，就需要该公钥对应的私钥才能解密；如果你的消息使用的是私钥加密的话，就需要该私钥所对应的公钥才能进行解密。

非对称加密所起到的作用是：保护消息内容，并让消息能够确定发送方的身份。

非对称加密是一种相较于对称加密更加优秀的算法，拥有较高的加密速度，但安全性相对来说比较低。如果你想使用对称加密的话，分享信息的各个个体之间就都需要分享这个密钥。比如，在1000个人之间使用同一个密钥进行密文的传输，其中有一个人的密钥被盗窃了，那么整个的加密信息就被破解了。

既然对称加密存在这样的缺点，我们应该如何解决这个问题呢？即使不能完全解决，我们也要保证其他人的密文不被破解。

在这样的情况下，人们想出了这样的解决办法：首先，停止分享共享的密钥，之所以会产生密钥被盗取的现象，原因可能就是这个共享的密钥。因此，每个人生成一个"私钥—公钥"，每个人都需要对这个私钥进行保护。所生成的这个"私钥—公钥"具有一个强大功能，就是使用私钥加密的信息，想要解密它的话就只能用该私钥对应的公钥，使用公钥加密的信息，只能由该公钥对应的私钥才能解密。

就比如，小张生成了他自己的一个"私钥—公钥"，叫作"小张私钥—小张公钥"，小林生成了他自己的一个"私钥—公钥"，叫作"小林私钥—小林公钥"，之前我们说过私钥要每个个体自己进行保存，公钥可以随便分享，目的是为什么呢？是为了加密信息！

"无所谓，随便截取"就是非对称解密算法的威力。公钥能够随意分发，但是想要解密使用该公钥加密的密文，就只有小张能办到。这是由于小林使用小张的公钥加密的信息，只有小张的公钥所对应的私钥，这里就是"小张私钥"，该私钥才可以解密。

因此，第三方即使截取了这些密文，没有小张的私钥，也是不能进行破解的，或者更严格地说，在有限的时间内，比如说几千年内通过暴力破解不出来的。

官方对于非对称加密的解释是：要想使用非对称加密算法，首先需要有一对 key，一个称为 private key 的私钥，一个称为 public key 的公钥，然后就能够将你的 public key 分发给想给你传密文的用户。

用户使用该 public key 加密过的密文，只有你的 private key 才能解密，也就是说，只要你将自己的 private key 保存好，就能确保别人想给你发的密文不被破解，因此你不用担心别人的密钥被盗。

由于这种加密是单向的，所以被称为非对称加密算法。

非对称加密算法主要包括 RSA、Elgamal、背包算法、Rabin、D-H、ECC（椭圆曲线加密算法）。其中，使用最广泛的是 RSA 算法和 Elgamal 算法。

1985 年，Taher Elgama 发明了 Elgamal，其基础是 Diffie-Hellman 密钥交换算法，后者使通信双方能通过公开通信来推导出只有他们知道的秘密密钥值（Diffie-Hellman）。

1976 年，Whitfield Diffie 和 Martin Hellman 发明了 Diffie-Hellman，被认为是第一种非对称加密算法，Diffie-Hellman 和 RSA 的不同之处在于，Diffie-Hellman 不是加密算法，它只是生成可用于对称密钥的秘密数值。

在 Diffie—Hellman 密钥交换过程中，发送方和接收方都会生成一个秘密的随机数，并根据随机数推导出公开值，然后，双方再交换公开值。具备生成共享密钥的能力 Diffie-Hellman 算法的基础。只要交换了公开值，双方就能使用自己的私有数和对方的公开值来生成对称密钥，称为共享密钥，对双方来说，该对称密钥是相同的，可以用于使用对称加密算法加密数据。

与 RSA 相比，Diffie-Hellman 就有每次交换密钥时都使用一组新值的优势。但在使用 RSA 算法时，如果攻击者获得了私钥，那么他不仅能解密之前截获的消息，还能解密之后的所有消息。RSA 可以通过认证（如使用 X.509 数字证书）来防止中间人攻击，但 Diffie-Hellman 在应对中间人攻击时非常脆弱。

非对称加密算法应用非常广泛，例如 SSH，HTTPS，TLS，电子证书，电子签名，电子身份证等等采用的都是这种算法。

区块链的分叉问题

2017 年，"区块链分叉"走进了虚拟货币的世界，迅速在业界引起了广泛的讨论。但对大多数投资者而言，"区块链分叉"依然是个陌生的词汇。

将原来存在的一条区块链拆分成两条或两条以上的区块链，就叫作分叉。而区块链是记录比特币交易的公共账本，既然有很多条区块链，也就表示有多个不同版本的比特币账本，自然而然地就出现了很多种比特币。

在每一个区块里，第一条都是没有转出地址的，也就是所谓的挖矿交易。没有人会给矿工付这笔钱，但矿工会给自己写上获得 12.5 比特币的记录。这样的交易记录被所有的节点所认可，这样矿工就得到了挖矿收入。

不同的矿工填写区块的数据都是不同的，这是由于每个矿工的第一条数据是不同的，矿工只会将挖矿所获得的收益转入到自己的地址当中。

每个矿工的区块数据都是不一样的，就导致了他们会得出不同的解题的结果，但所有的结果都是正确的答案，只不过区块不同而已。

　　这个时候，就会出现两个都满足要求的区块。这个时候，矿工们将会怎么做呢？

　　由于距离远近的不同，不同的矿工所看到的这两个区块是有先后顺序的。通常情况下，矿工们会将先看到的区块复制过来，然后接着这个区块进行新的挖矿工作。在这种情况下，就出现了分叉的现象。

　　这只是导致区块链分叉的一种情况，还有一种特殊情况也是导致区块链分叉出现的原因。

　　这种情况就是比特币的算法（或参数）出现变更的时候。变成之后的新共识算法的要求要比旧算法更加严格，在新节点中所产生的区块能够被还没有升级的旧节点所接受，而旧节点生成的区块却会被新算法的节点所拒绝，这个时候也会形成分叉。这里面分为硬分叉和软分叉。能够恢复单一区块的就是软分叉，永远无法恢复或彻底分离的就叫作硬分叉。

　　我们拿比特币来进行说明，比特币的结算性达到了瓶颈，因此出现了第一次分叉，在解决性能问题的时候，就出现了两种方案。

　　一种方案是"矿工提案"，这种方案是在链上扩容，进而无限扩大比特币的区块，从而激发更多交易的产生。

　　一种方案是"Core团队提案"，就是比特币的数据存储方式应该得到优化，并建立第二层网络，以此来激发更多的交易产生。最终，形成了比特币的硬分叉。

在区块链圈中，以太坊分叉事件是第一个有影响力的硬分叉。

在以太坊上有一个著名的项目——The DAO，这个项目由于自身存着很大的漏洞，黑客抓住这个漏洞窃取了当时价值约6000万美元的以太币，让这个项目蒙受了巨大的损失。

为了弥补巨大的损失，2016年7月，以太坊团队修改了以太坊软件的代码，在第1920000个区块强行把The DAO及其子DAO的所有资金全部转到一个特定的退款合约地址，进而"夺回"了黑客所控制的DAO合约币。

但这个修改被一部分矿工所拒绝，因为形成了两条链，分别是以太坊和以太坊经典，它们各自代表了不同社区的共识和价值观。以太坊发生了这次硬分叉之后，就产生了两条区块链。

由于这两条链的数据在分叉之前都是一样的，就出现了一个非常有意思的现象，原来持有以太币的人，竟然拥有了和以太币相同数量的ETC。

2017年8月1日，由ViaBTC领导的矿工团体创建一个比特币分叉——Bitcoin Cash（简称BCC或BCH）。

在硬分叉条件下创建的货币和ICO非常的相似，于是就诞生了一个新的名词——IFO。矿工们在创造分叉的同时，能够在分叉发生的区块中，利用自己的特权，将一些货币分给自己或者是其他人，然后再开放让所有的人都能够参与到挖矿的行列中来。

由于硬分叉的现象越来越多，比特币的公信力还能否和从前一样，是否能够经得住 IFO 的考验，只能通过时间去证明了。

当发生硬分叉之后，所形成的两条区块链是完全独立的，它们不再是同一种货币，但它们仍然共享着比特币的历史数据，所以用户在分叉之前所获得的比特币在分叉之后就会一分为二，变成两个不同的"比特币"。于是，就给大家提供了一个薅羊毛的机会，很多人都抢在接二连三的硬分叉之前买入比特币等着"生崽"，让比特币的价格在瞬间得到暴涨。

也就是说，区块链的硬分叉凭空地多出了一些资产。而这些资产的价值具体是什么样的，还要看市场交易情况。但总的来说，区块链的硬分叉，没有让资产减少，反而多了一种资产，看上去并不是一件吃亏的事情，于是区块链分叉就成了一种资产凭空增加的方式。

高收益的背后往往潜伏着巨大的风险，即使分叉能产生巨大的效应，但不是所有的分叉币都能活下来，就如同 ICO 币一样，绝大多数的分叉币都是会归零的。尤其是那些源码不公开、有预挖行为、大幅度改动比特币基础共识的分叉币。

但是在分叉币归零之前，发币者早就已经赚得盆满钵满了，但是更多的人却是空手而归，甚至损失巨大。

那么，区块链分叉存在哪些风险呢？

国内区块链领域佼佼者——迅雷的子公司网心科技 CEO 陈磊认为，比特币产生第一次分叉是由于结算性能遇到了瓶颈，但从过去几次分叉的情况来看，其分叉的目的就是发行一种在名义上和比特币能挂钩，但实际上由发币者自己所支配的虚拟货币。这种货币发行之后，会到交易平台上通过操作，给用户产生升值预期，最后割韭菜。

针对这个问题，陈磊也表明了迅雷的态度，他指出："迅雷反对一切利用区块链投机的行为，所以也肯定反对以炒作和割韭菜套利为目的的比特币分叉。我相信，未来一年内，比特币分叉会频繁发生，成为投机者反复套利的工具。在套利过程中，会有不少用户受到伤害，不建议普通用户进行投资。"

蚂蚁金服 CEO 井贤栋表示，"我们要永远把对金融消费者的保护放在最重要的位置上，只有这样才能持续发展，所做的创新才是有意义的。我们要防止有人利用科技、互联网之名做一些不好的事情。必须要一面进行创新，一面防止劣币所带来的风险。"井贤栋的话是警示我们防止 ICO 的新变种，也就是利用区块链分叉技术产生新的代币。

既然区块链分叉存在着如此大的风险，那么区块链系统是如何解决分叉问题的呢？

在以工作量证明机制为共识算法的区块链系统中，从分叉的区块开始，不同的矿工就会跟从不同的区块，因分叉而出现的两条不同区块链上具有不同的算力。也就是说，两个链上所跟从的矿工数量是不同的。

因为矿工的数量和解题能力是成正比的，所以两条区块链进行增长的速度是不一样的，一段时间之后，其中一条链的长度肯定会比另外一条要长。当矿工发现这种现象的时候，就会抛弃之前的链，将新的更长的链全部复制过来，并在这条新链上继续挖矿。当所有的矿工都进行这样的操作，这条链就成了主链，而分叉出来被抛弃的链就会消失。

最终，只有唯一一条被保留下来的链成了真正有效的账本，但整个的区块链仍然是唯一的。需要注意的是，要想保证区块链数据的唯一性，必须在所有矿工都遵从同样机制的前提下。

第五章

区块链技术的应用场景

区块链技术下的"比特币们"

2008 年全球金融危机为加密货币的产生奠定了基础。这场危机让人们深切地体会到，当今的货币金融体系是如此的"弱不禁风"。因此，为了解决这个问题，人们开出的药方就是彻底革新现行的货币体系，创造一种去中心化的货币。于是，基于区块链技术的比特币在 2009 年诞生了。

比特币和区块链热潮是一次全球性的事件，中央控制的货币体系作为比特币的隐形反抗对象，对此会做出什么样的反应呢？

当前各国政府对比特币所持有的态度主要有四种：德国、日本、菲律宾将比特币作为数字货币，意味着比特币是一种合法且具有部分货币属性，但因其没有发行的主体，其币值是无人背书的，日本是当前全球最大的比特币交易市场。

除了上述国家之外，很多国家对于比特币也持有不同的反对态度，例如，视为"商品"或是"资产"；具有合法性，但不具备货币属性；不承认其具有合法性，也没有完全禁止；完全禁止，甚至立法禁止。

2017 年 11 月，加拿大央行副行长卡洛琳·威尔金斯（Carolyn Wilkins）在接受媒体采访时表示，加密货币并不是真正的货币形式。但她承认，比特币在本质上是一项资产，或者是一种安全措施，因此只能将其视为资产或安全措施。

但是，这里有一个悖谬的问题，比特币之所以能成为"资产"，是由于它做出了成为"货币"的允诺。

在 2017 年 9 月，欧洲央行副行长维托·康斯坦西奥发出了警告，比特币只是一种泡沫，并不是一种货币，就和 17 世纪的荷兰郁金香泡沫是一样的。也就是说，人们虽然知道它没有相应的实际价值，但由于其价格不断疯长，大家都在进行一场赌博，赌自己不是最后接盘的那个"傻子"。

既然我们想利用加密货币来改变现行的货币体系，就不应该用现行货币的定义去评判它。加密货币的目的是摆脱国家对于货币的影响，达到真正的中心控制，从而形成一个去中心化的货币体系。现行货币是以国家权利为背景而形成的社会建构，如果社会中的一部分人达成了共识，接受了加密货币作为交换手段，那么这部分共识是否有可能替代国家完成这一个社会构建？

如今，很多知名企业和诸多零售商已经接受了比特币支付，其中包括维珍航空，比特币的发展前景还是非常乐观的，但仍然被限定在一定范围内，并不具备通货效力，所形成的共识是非常脆弱的，其币值的稳定性就更加难以保证了。

比特币很难具备价值尺度和流通手段的货币基本职能，作为价值贮藏手段也是不合格的，形成如其所宣称的革命性效果是非常困难的一件事。

如果我们试想一下，现存的某种货币出于某种原因，像允诺的那样取代了法定货币，将会出现什么样的场景呢？

那将会是一场可怕的场景，就拿比特币来说，其总量是恒定的 2100 万枚，截止到目前，已经有超过 80% 的比特币被矿工们挖掘出来，这些比特币聚积在少数人手里，也就意味着这少数人掌握着社会中的绝大部分财富，将会引发人类历史上规模最大、最为爆裂的财富革命和重新分配，加大贫富差距。

因此，就算是未来新的货币系统是建立在区块链技术之上，也不会从现存的加密货币中选取，而比特币成为"货币"的允诺就会落空，其作为"资产"的基础也将大打折扣，但是其匿名交易、无手续费等特点，仍然存在具体的用途，不能说它们是毫无价值的。

中央所控制的货币体系，如果滥发的话会导致通货膨胀，老百姓手中所积攒的财富就会贬值，这其实是一种变相的剥削。但在加密货币设计中，则隐含着一个更加公平的愿景，其货币的总量是恒定的，并不是人为控制的，因此能够一劳永逸地解决通货膨胀问题。

纽约大学斯特恩商学院教授努尔·鲁比尼（Nouriel Roubini）认为，由于比特币拥有 2100 万的稳定供应量，因此它并不会像法定货币那样贬值，从本质上来说它就是一个错误的前提。这种说法显然具有欺诈性，因为它已经分成了三个分支：Bitcoin Cash、Litecoin 和 Bitcoin Gold。

另外，每天都会发明出数百种其他加密货币，还有被称为"首次代币众筹"（ICO）的骗局，这些诈骗主要是为了摆脱证券法监管而设计的。因此，"稳定"的密码正在创造货币供应，并以比任何大型央行都快得多的速度让它贬值。

目前，比特币的价格在一天之内会在 20%—30% 的幅度间波动，就如同典型的金融泡沫一样，投资者购买加密货币，并不会用它来交易，而是期望它们能够升值。实际上，比特币要是作为一种货币，并不是那么容易就能花出去的。

比特币的生产方式是计算机"挖矿"，这种方式需要耗费大量的能源，并且会污染环境，因此并不能完全称得上是低成本的货币形式。根据《左翼商业观察家》（*Left Business Observer*）编辑道格·亨伍德（Doug Henwood）的说法，比特币"挖矿"的耗电量，大概相当于 300 万个美国家庭的耗电量，主要的"矿区"位于亚洲，使用的大多是煤电，因此比特币是一桩十分"不清洁"的生意。

鲁比尼认为，截止到目前，比特币真正唯一的用途是促进例如毒品交易、逃税、避免资本主义管制或者是洗钱等非法活动。因此，G20 成员共同合作，强制所有产生收入或资本收益的交易进行报告，以此来规范加密货币，并消除它们所谓的匿名性。

哈罗德·詹姆斯也对新技术的操纵和滥用表示了担忧。他认为，一个货币只有被政府认可，才有可能被完全信任。即便如此，它也有可能成为世界各地政治交战者的玩物，并有可能成为金融领域的大规模杀伤性武器。他甚至还强调，比特币泡沫将会影响全世界，当前的资本狂热仿佛让人们看到了 2008 年全球金融风暴前夕的场面。

道格·亨伍德估算，在 2017 年 12 月 26 日前后，现存比特币在峰值跳水后的总市场价值为 2610 亿美元，单价为 15625 美元，比同时的花旗集团的市值大了三分之一。

阿代尔·特纳却认为，比特币虽然没有什么实际的经济用途，但个股或者是特定商品的繁荣和萧条，在一般情况下，是不会造成宏观层面上的影响，即便是整个股票市场的巨大波动，也只会对整体经济增长产生轻微的不利影响。就比如，1998 年至 2002 年的纳斯达克股市动荡。和房地产财富相比，加密货币的总值只是微小的一部分，其泡沫破裂并不会给宏观经济带来巨大的影响。

因此，加密货币将会促进竞争性货币概念的进步，它能够临时提供的货币甚至可以挑战国家垄断本身。事实上，19 世纪的时候就已经存在这种实践了，当时各种小银行发行的钞票通常都是毫无价值的，而政府货币已经被证明比其替代品——无论是黄金还是比特币都要稳定得多。

比特币作为"货币"的允诺是不能实现了，但其在投资领域的名声却是非常大的，原本严肃的政治抱负已经不再那么重要了，剩下的就只是狂热的投机。

区块链技术平台与智能合约

2030 年的一个早晨，你走进了一家杂货店去买牛奶。这个时候，你挥动一下手上的智能手表，就能够检测到牛奶盒中的透明加密芯片，并且能够获得它的哈希代码。当你完成这个举动之后，你手中的牛奶就毫无疑问地成了你的牛奶。

在未来，我们很有可能不会再使用现金买东西，事物所有权的概念将会被重新定义。

互联网通过各种方式在各个方面影响着我们的生活，但并没有改变我们要在权威机构的授权下才能"拥有"某些数字产品的情况。你在网上所拥有的一切，无论是你的钱还是你的身份证，都要有一个公正的第三方机构才能证明，这是证明我们真正拥有某种东西的唯一途径。

从技术的角度看，你所拥有的一切在线资产并真正属于你，你只拥有使用权，并没有所有权。随着区块链技术的产生，就会打破这样的情况。

在未来，会出现拥有真正的在线资产、贷款利率降低并没有处理费用、更新遗嘱变得更加容易、买卖交易没有手续费等这样的情况，这其实是智能合约对我们未来的许诺。随着密码学货币的出现，智能合约这项技术也逐渐走入了我们的现实生活。

所谓的智能合约，其实是一种可以自动执行合约条款的电脑程序。在未来，这个程序将会取代某些特定金融交易的律师和银行这些角色。智能合约不只是进行简单的资金转移，它甚至涉及我们生活中的方方面面。例如，一所房子或者是一辆车的锁，都可以被连接到互联网上的智能合约打开，让我们的生活变得更加快捷方便。

但智能合约和所有的金融前沿技术一样，存在着很多的问题。例如，它如何与我们目前的法律系统相互协调？

现行的法律从本质上来说就是一种合约，是由某一社群的人和他们的领导者之间所缔结的，关于彼此应该如何行动的一种共识。在个体之间存在的一些合约，我们可以将其理解为是一种私法，这种私法仅仅对合约的参与者生效。

就比如，小强借给大壮一笔钱，他们之间签订了一个合约，最后大壮毁约了，不想还这笔钱了。这个时候，小强多半会将大壮告上法庭。令人欣慰的是，当初小强和大壮把条款写了下来，并订立了合约。

但法律的制定者和合同的起草者们却面临着一个不容忽视的问题：在理想的情况下，法律或者是合约的内容应该是明确且不会产生歧义。但是，现行的法律或是合约都是由语句所构成的，而语句往往充满了歧义。

因此，现行的法律一直都存在两个巨大的问题：首先，法律或者合约，都是由充满歧义的语句构成的；其次，如果强行执行合约或者是法律，将会付出非常大的代价。

智能合约则避免了这些问题，智能合约的语言是编程所产生的，满足触发调价就能够自动执行。如果你不是一名程序员的话，在一开始的时候可能需要花费很长的时间去读懂合约的内容，不过一旦你掌握了阅读合约的方法，就能够用较短的时间读懂合约的内容。

如果采用智能合约的方式，一般的用户是可以起草简单的合约的，如果是稍微特殊一点的合约，可能需要稍微资深一点的专家起草，就好比是复杂的传统合同需专门的律师起草一样。

当我们得到这份合约之后，类似于"我认为，你认为"这样的误解就会被完全消除，且能够消除缔约双方是否依法履约的不确定性。也就是说，这份由代码写成的合约，既定义了合约的内容，同时能保证合约的内容能够被执行。从本质上来看，这份合约是一份不能被毁约的合约。

智能合约发展的初期，首先涉及的是虚拟货币、网站、软件、数字内容、云服务等数字资产领域，影响着它们的生根发芽，对于数字资产的"强制执行"有非常直接的效果。随着时间的推移，智能合约会渐渐地渗透到"现实世界"中。

就比如，通过智能合约的某种租赁协议的汽车，在没有传统车钥匙的情况下，就可以通过某种数字证书进行发动，但要在这个数字证书符合租赁协议的前提下。

在未来的世界中，当私法和公法都可以被完美地监督和执行的时候，很多看似不可能的事情都会变成可能。例如，我们可以想象这里有一个小镇，当地的法律都是靠智能合约订立的。在小镇里，所有新法的通过以及针对现有法律的修正案，都必须进行投票系统进行公开投票决议，这个投票系统也是由智能合约实现的。这样，镇上的居民就能够非常清晰地意识到法律执行和适用的范围。

我们还可以想象有这样的一个国家，不靠地理边界，而是依靠智能合约的法规和权益存在，我们甚至可以自由选择最适合自己的虚拟国度。

今天现行的法律系统，如果放到未来的话，就会和茹毛饮血般的原始社会一样。我们所拥有的连篇累牍的法律，即使在法院看来也是充满歧义的法律条文。除此之外，我们订立的合约总是充满了各种虚假的个人承诺以及对未来渺茫的承诺。

因此，一种新的法律会随着智能合约的诞生而诞生，至于人们如何去适应，那就是时间的问题了。

目前，智能合约仍然处于初始阶段，却有着显而易见的潜力。我们可以试想一下，在分配遗产的时候，谁能分得多少遗产就会像调动滑块一样。如果开放出足够简单的用户交互界面，就能够解决例如更新遗嘱等法律上的难题。

智能合约还可以被应用到股票交易所上，设定触发机制之后，在达到某个价格之后就能够自动执行买卖；在京东众筹平台上应用智能合约的话，就能够跟踪募资的过程，设定达到众筹目标后，就会自动从投资者账户划款到创业者账户，在这之后创业者的预算、开销同样可以被跟踪和审计，进而增加了交易的透明度，投资者的权益得到了更好的保障。

在个人健康管理方面同样可以应用智能合约，在健身的时候我们可以穿戴一个健身追踪器，将卡路里数量和运动量发送到区块链上。所传送的数据是经过加密的，你的身份也是匿名的。

家用医疗设备也是同样的道理，区块链会和健康专家例如教练、医生或者医疗机构建立联系，智能合约会触发需要的服务——不管是健身计划还是针对某些慢性疾病的治疗。

智能合约会引领我们走入一个智能世界的未来，就如同好莱坞的科幻电影一样，我们的房产、车库、门禁系统都将会植入软硬件的识别设备，在主人使用时，自动识别主人注册在区块链的数字身份即可。

区块链技术应用——以太坊的出现

2013 年 11 月，18 岁的俄罗斯裔加拿大少年维塔里克·比特林创建了初始的以太坊概念和基本代码，其目标是将区块链技术所具有的去中心化、开放和安全这三点引入几乎所有能被计算的领域，同年 12 月，比特林发布了以太坊原始概念白皮书，详细解释了以太坊技术。

以太坊，是在中心化基础上进行创新的账本协议，是一项将比特币中的一些技术和概念运动于计算领域的创新。以太坊利用很多和比特币类似的机制去维护共享的计算中的平台，其平台能够灵活并且安全地运行用户想要的每一种程序，其中也包括和比特币类似的区块链程序。

很多基于区块链技术，在以太坊出现之前，想要实现上述区块链应用项目，但这些项目只能同时支持一种或几种特定的应用，具有一定的局限性。

以太坊之所以能打破以往项目所具有的局限性，是因为其想要实现的是一个内置了编程语言的区块链协议，因为支持了编程语言，在理论上就可以使用这门语言定义所有的区块链应用，进而在以太坊的区块链协议上进行应用。

以前区块链项目，都是互不联系的，各自定义区块链协议，只支持一种或几种特定的区块链应用，相互之间不具有兼容性。

在以太坊支持下进行编程的区块链协议，不仅能实现当前所有已经提出的各种区块链应用，在未来，也能实现人们还没有想到的全新的区块链应用。也就是说，以太坊所定义的区块链协议，能够让区块链的研发者们更加高效快速开发顶层应用成为一种可能。

以太坊建立了一种新的密码学技术框架，使其在开发应用上变得更加容易。对于开发者来说，不仅能够更加高效地开发一种新应用，还能节约很大一部分成本。对于非科研人员来说，利用分拆中心的功能，将其分散到中心化结构中，能够提供一个重现想象现有商业或者是创新机会的可能。

在以太坊技术的支持下，想要完全借助区块链开发去中心化应用、编写复杂的商业逻辑、发布资质代理和管理关系的愿望都有可能实现。

除此之外，以太坊还拥有一套完整的创建应用的工具。因此，以太坊能够执行多种服务，例如，投票系统、域名注册、金融交易所、众筹平台、公司管理、智能合约、公证防伪、智能资产和分布式自治组织等。

我们可以把以太坊看作是一台"全球共用计算机"：在这台计算上，每一个人都可以上传和执行应用程序，所有被上传的程序都会被有效地执行，让以太坊系统所具备的鲁棒性得到充分的展现，由此也可以看出以太坊是一个去中心化的，由全世界中成千上万的计算机组成的共识网络。

应用于比特币和其他系统中的区块链技术是以太坊的基础，同时，以太坊的安全是在以比特币和其他系统中的密码学和经济的刺激下得以实现的。但是，由于其对于编程语言的支持，就大大增加了以太坊开启的可能性。

举个例子，Slock，是一个利用以太坊技术运行的物联网平台，利用 Slock 进行自行车的租赁服务。自行车的主人将Slock（智能锁）安装到其拥有的自行车上，在这之后，在以太坊的区块链上就会注册一个关于自行车的智能合约。

完成这个程序之后，每个人都能向该智能合约发起一个发送一定数量数字货币的请求，当请求发送到合约上之后，就会自动将这笔数字货币转发给自行车的所有者，并且记录一个状态，被记录下来的状态表明，刚刚发送数字货币的人获得了某种特权，比如自行车限定时间的使用权。

接下来，在特定的时间内，通过智能手机向 Slock 发送特定的签名信息，都会打开自行车上的锁。

整个租赁过程，没有任何中心化的支付处理机构，即使是Slock 这家公司本身。所以，所有使用和 Slock 锁类似的人，不用担心 Slock 这家公司倒闭了，自己的这把锁就不能继续使用了，同时也不用担心服务商突然开始征收高额的费用，更不用担心自己的私人交易信息会完全落入某一方的手里。

　　由此我们可以看出，以太坊不只是一个用于交易的货币，其实际目的是为了让人们使用由几千个节点支撑的分布式世界电脑。中心化的分布式电脑速度慢且价格昂贵，这是由于每条语句必须被网络中的每一个节点所执行导致的结果。

　　而中心化的电脑则具有低成本的特性，为了享受这一特性，我们交出了我们的控制权。但是中心化电脑存在一个弊端，如果其服务器宕机或者是被黑客所攻击的话，和它相连接的客户端就会崩掉。而一种去中心化的分布式电脑，只有当每个节点都停止工作的时候，它才会崩掉，也就是说去中心化的分布式计算机是永远不会宕机的。只要是有网络的地方，就会有以太坊。

　　以太坊经常会和比特币一起被提及，但二者之间是存在很大区别的。它们之间的唯一共同点就是，以太坊同样是在区块链上运行的加密资产。

　　和比特币不同的是，以太坊还具有很多其他的特性，正是由于这些特性的存在，才能让比特币成为一个去中心化的超级电脑。

　　区块链能够应用于存储各种类型的数据，这些被存储的数据，让区块链具有了价值。比特币区块链则智能存储金融交易，所以，它才会被人们误认为是美元或英镑这样的货币。除了具有美元所承载的功能之外，比特币不具有任何额外的功能，以太坊则是恰恰相反的。

　　实际上，以太坊是一个超级慢的巨型电脑，甚至比今天普通的电脑要慢上 100 倍，并且非常的昂贵，除了做一些简单的事情之外，它几乎做不了任何的事情。

　　这听起来并不吸引人，那么，以太坊是靠什么吸引人趋之若鹜的呢？这是由于以太坊是一个完全去中心化的电脑，它分布在世界的各地，正在席卷整个世界。那么以太坊是如何承担起世界电脑这样一个角色的呢？

　　以太坊和其他所有的区块链一样，需要数以千计的人在其个人电脑上运行一个软件，以此来支撑整个网络。在网络中的这些电脑（节点），都会运行着一个叫作以太坊虚拟机（EVM）的系统。EVM 就好比是一个操作系统，它能够理解并且执行用以太坊上特定的编程语言编写的软件，由 EVM 所执行的软件或者应用就是我们前文讲到的"智能合约"（Smart Contract）。

　　以太坊被称为区块链 2.0 时代，这预示着新一代的区块链技术可以更加成熟的解决实际应用等问题，这也为以比特币为代表的区块链技术未来发展提供了无限的可能。

区块链技术让艺术更加"艺术"

2017 年 9 月 1 日，世界首个 CryptoArt 展览——《诞生》在俄罗斯国立中央当代历史博物馆隆重开幕，这场展览是由 Rudanovsky 基金会主办的，该项展览持续了 10 天，在此期间，俄罗斯当代艺术家 Svetlana Smirnova 的作品借助区块链技术，以全新的方式进行了展示和传播。

在展览中，Svetlana Smirnova 的每一件作品都会附带一个名为 VerisArt 开放电子认证，这项电子认证是基于区块链技术产生的。VerisArt 技术在不久的将来，会带来一个更加开放和透明的艺术系统，能够给博物馆、拍卖行、画廊、收藏者、艺术史学家和研究人员带来很大的益处。

这项独特的技术将会给艺术界带来一场信息革命：人们将会得到更加自由的信息访问权限，并且有机会获取在传统艺术传播机制中被保密的数据。

基于区块链技术的艺术品，其重要细节、出处以及交易历史信息，都不会被破坏和伪造，艺术市场的安全和透明能够得到良好的保障。Svetlana Smirnova 的展览预示该项技术被正式应用。借此契机，国际艺术社区或将迎来一个互信互动的新纪元。

在区块链成为热门话题以来，艺术行业领域之一的艺术电商平台做出了积极的回应。由于区块链技术的天然属性，使艺术品的每一笔交易都具有"可追溯性"，对于 O2O 模式的艺术品电商来说，两者具有极高的匹配。

区块链技术确保了艺术品的线上交易环节对买卖双方身份信用的验证、为标的艺术品出具唯一性证书以及线下物流运输过程中的艺术品综合保险业务全程高效、安全地进行。

当然，区块链的独门密码并非可追溯系统一项，例如，在很多年前，食品、饮料、医疗等领域就应用到了 GS1 全球追溯标准的编码体系；标签数字防伪和作品追溯系统在艺术品电商领域，不是一个新鲜的概念，技术对于艺术品电商平台来说，或许不是最大的障碍，其最大的障碍应该是艺术品的真伪鉴别。

在区块链技术的支持下，艺术品在运输的过程中能够避免被调包的危险，但并不能从源头上确保这类特殊商品的真假。就比如，我们将在数字音乐领域应用区块链技术，只能从技术层面去辨识一首歌曲是否为正版授权，却没有办法阻止层出不穷的盗版。

《艺术商业》杂志执行出版人兼主编，资深艺术媒体人马继东曾和国家文物局的某官员交流了关于科技鉴定的话题，在聊到有公信力的第三方机构为何在中国迟迟不能诞生时，当时这位官员的观点是，难的不是技术手段，而是如何破除行业的暗箱操作。试想一下，如果水浑能够让大家捞鱼方便的话，又怎能期待从业者能够主动站出来接受监督呢？区块链对于整个艺术品交易领域的应用症结也是同样的道理。

区块链在艺术品拍卖行业的应用前景和电商平台基本上是相似的，区别在于前者更加注重的是线下交易。

2018 年，国际拍卖巨头苏富比收购了人工智能研发机构 Thread Genius，在加强软件开发、机器和数据分析之外，也会重点研究区块链技术。

而国内艺术品交易机构对于区块链技术有实际行动的人非常少，大部分人仍然持观望的态度。虽然有个别的机构趁势推出了所谓的艺术数字资产平台，其宣传材料貌似集合了艺术家、社群、IP、文创等一切艺术市场要素，却并没有太多的实质内容。

区块链技术在艺术领域的应用有着非常宏观的远景，而要想达到这样的目的，执行方必须有较高的文化产业资源整合能力。因为区块链在文化市场领域的应用，并没有一个清晰的政策走向，存在很大的可变性。

文化产权交易所是除电商平台之外，另外一个对区块链有着较高关注度的艺术行业，尤其是致力于艺术品资产证券化的艺术品交易所。区块链技术，或许能够通过技术手段确保平台数据链的完整性和可追溯性，从而让本该作为独立信用平台存在的文交所"数据失真"这一历史难题得到解决。

文交所在艺术品真伪环节受到了限制，但它能够在艺术品版权、文化企业股权、数字资产登记等范围内实践区块链技术，和电商平台以及拍卖行相比，具有更多的操作空间。

据了解，当前已经有数家文交所完成了对区块链的前期调研，个别的文交所甚至完成了收购，在2018年，文交所将会推出更多的和区块链相关的项目。

区块链技术顺应了时代发展的趋势，其特性对绝大多数行业的发展都产生了非常大的影响。例如，文化生产供应链、网络媒体、网络社群等。区块链技术被很多行业应用到企业发展当中，并将其作为一个长期的战略方向。

区块链数据中包含着唯一的哈希值，它不仅能验证数据包是否真实，还能确认其原始的所有权。基于此，区块链技术才提供了一种不可更改的去中心化网络交易注册形式，为当今文化产业发展中的知识产权保护提供了一个新的思路。

每一个作品的原始所有权归属在这种注册形式下会被精确地记录下来，并且能够记录所有涉及该作品的后续交易。从这一点上来说，区块链能够公开记录一些作品的信息，假如没有区块链的话，这些作品是永远不可能被记录下来的。

除此之外，区块链的特性弥补了艺术品在交易过程中的诚信问题。

1.通过区块链技术，所有艺术品的交易信息都将被公开，在智能化合约技术的支持下，增加了艺术品的透明度和规范化监管。

2. 通过区块链传递，能够随时追溯到鉴定评估的资料，避免造假现象的发生。

3. 在区块链技术的支持下，能够将实物进行鉴定、评估、合约随机分离、整合，达到统一公信力的目的。另外，利用物品代币可在整体产业链中一路通行到底。

4.P2P 交易模式能使各类市场价量相互结合，同一物品线上线下价格差距巨大的问题将被彻底改变，能通过线上交易带动线下交易的活跃，从而产生更大的市场效应。

5. 在区块链中，由于金融应用和结算单位的有效参与，使得金融元素能够快速地融入艺术品交易市场，按照业内专家的思路发展，从而使艺术价值更加合理地转化为经济效益，使文化产业得到进一步的发展。

当然，如果艺术领域应用区块链技术只是一味地从商业运营和财富增值的角度去考虑的话，其结果将会是适得其反的。

目前常见的区块链项目，大多是通过数字货币奖励来增强用户黏合性，来完成奖励机制，从而让相关企业和项目获取高额的估值。但如今的数字货币政策并未落地，也没有一个明朗的发展前景，这样的架构就好比是空中楼阁，所谓的未来财富自然也就成了一场虚无的幻想。

举个例子，在国外少数画廊中，能够使用比特币和其他加密数字货币购买制定的艺术；国内有的门户网站仿照区块链技术平台中的以太坊游戏 Crypto Kitties 推出自己的虚拟宠物猫。不管是哪一种实践，在艺术行业领域的内外，如果重心不是技术革新或项目建设，其潜伏的风险隐患就随时有可能爆发。

相反地，如果站在技术升级和行业规范的非营利的角度去看的话，区块链在艺术行业将会有一个广阔的前景。

更安全的"分布式云存储"

　　刘阿姨是一位摄影爱好者，经常邀上三五位朋友一起去旅游，将旅游的过程用照片的方式记录下来，经常和朋友一起分享。刘阿姨将这些照片存储在电脑的硬盘里，因为照片很珍贵，刘阿姨非常珍惜这台电脑，别人是不能动的，生怕一不小心就把照片都删除了，可不幸的事情还是发生了。

　　有一天，刘阿姨打开电脑，发现照片全都不见了，刘阿姨火急火燎地给电脑厂商打电话，厂商说硬盘早就过了保修期，硬盘的照片能不能恢复要看其受损程度了。过了几天，厂商打来电话，硬盘数据已经丢失了，照片不能恢复了。刘阿姨听到这个消息心里非常的难过。那么，我们有没有什么方法来避免刘阿姨的这种情况呢？答案就是分布式云存储。

　　在分布式云存储没有发现之前，我们就如同生活在一个大钟楼的城池里面，但城池里面并没有普及钟表。

　　我们所面临的状况是互联网巨头们都各自追求自己的利益，形成了一个个的数据孤岛，集中存储了大量的个人数据，这些数据之间是互不相通的。

同样的道理，在每个公司、金融机构和监管机构的内部，采用的是复式记账，但是却不能在不同组织间更新账本，因此数据只能在封闭的组织内部实现。这就让跨主体交易和审计变得既费力又费时。

因为存储的数据是割裂的，征信机制架构就必须是中心化的。在这种情况下，陌生的两个人，比如商家和客户，想要奖励信任和完成交易，就必须有一个中心作为依托。

我们只有通过大钟楼上每个整点响彻的钟声，才能统一我们对于时间的认识。

随着技术的发展，当每个人都拥有了手表，时间的刻度从广分的整点进行了精分，精分到了秒，而分布式的云存储则是在本质上探索如何制造出这些属于每个人的手表。

如今，许多区块链代币项目，都被人们认为是空气币和圈钱的生意，事实并非如此。

究其根源，在统一账簿和共识技术支持下，存在于大钟楼中的数据会被复制到每一个手表上，从而让手表上的时间和钟楼上的时间能保持一致，且能够让时间得到同步进行更新。

这就是基于区块链技术的分布式云存储的基本原理。分布式云存储不仅能够存储，还能够证明存储数据的真实性，并且保证数据永远不会被修改。区块链实际上就是一个分布式数据库，是加了密的分散式云存储。

那么，基于区块链技术的云存储具有哪些特点呢？

一、能够让碎片资源得到再次利用

利用云存储技术，每个人都可以分享自己的硬盘空间，当有人租用其硬盘空间的话，需要支付一定的酬金，酬金的大部分被出租人获得，平台只收取小部分的服务费，其平台我们可以理解是硬盘存储的 Uber。

二、大众都能广泛参与

每个人都能访问公开区块链上的数据，可以做出交易并等待被写入区块链。共识过程的参与者（对应比特币中的矿工）可以通过密码学的技术以及在内部建立的经济奖励来维护数据库的安全。

三、高效和低成本的运行

区块链技术具有公开、透明、开源等特点，可以随时随地地上传和下载所需要的信息，不需要通过任何的中间机构或者组织。相较于购买昂贵的存储设备以及配套的人力来说，租用硬盘的空间更加的经济实惠。

四、安全性非常高

在区块链产生之前，传统的云存储公司，需要购买或租用服务器来存储客户的文件，运用 RAID 方案或是对数据中心的方法来保证数据的安全。

区块链是去中心化的技术，不需要去购买昂贵的中间设备以及维护的人力。区块链能够使文件存储在一个分布式、虚拟和分散的网络中，不用像传统存储公司那样利用硬件的维护来保证存库的安全性。

在很久之前，中心化的云存储设备就进入了商业阶段，例如强大的亚马逊平台，能够让用户以平台为基础去发现某些具有很高复杂度的功能，亚马逊之所以会有这么大的功能，是因为它拥有百万级数量的服务器。保守估计，亚马逊在全球范围内拥有 150 万台服务器。市场研究公司 Gartner 分析师估计，亚马逊的服务器总数已经高达 200 多万台。

亚马逊的云平台是庞大且复杂的，支持这一平台的数据中心几乎可以构成地球上最大的计算机，在某种意义上来说，它就是一台通用功能的巨型计算机。报告显示，亚马逊云服务在全球云市场占据了 27% 的份额，微软大概为 10%，紧随其后的是 IBM 和谷歌。

无论 Facebook、微软、亚马逊还是谷歌，即使它们的服务器无限量地增加，也是不能和我们现有的可以使用的免费的存储空间相抗衡的。

我们可以想象，电脑制造商也会制造出一款没有硬盘的计算机。这样一台计算机是存在着很大商机的，就凭"我们的电脑没有硬盘"这一点，就能让消费者们兴奋不已，不假思索地就下单。

这样的一台电脑可以让消费者们省下一笔钱，例如，我们买一台有硬盘的电脑是需要 10000 元的，而买一台没有硬盘的电脑，只需要花费 8000 元左右就可以，我们可以用省下来的钱的小部分去租用一个云存储就可以了。这样不仅划算还让安全得到了保障。

　　Storj 公司是区块链提供去中心化云存储方案的公司之一。这个公司组织的网络可以提供超过 1500GB 的存储空间，拥有大概 430 名矿工，它所使用的"燃料货币"是 Poloniex 交易所上最古老和最有价值的币种之一。那么，Storj 是如何解决文件的存储和加密功能的呢？

　　在 Storj 所提供的系统中，文件被自动分解成字节，存在 A、B、C 三个不同的硬盘上，在你的手里有一把私钥，这把私钥只有你自己有，无论是服务商 Storj 还是为你提供存储库的人都没有，这样就能避免信息被泄露。

　　如果你的私钥不小心被泄露了，拿到私钥的人即使拿到了你存在硬盘上的某个文件，这个文件也只能是一段乱码，而不是整片的文章，拿到私钥的人是不会得到任何信息的。

　　更加让人惊叹的是，区块链技术还可以让我们做更多的备份。就比如，前文中提到的刘阿姨，她将照片上传之后，如果还是不放心将照片存放在一个人那里，可以在保存文件的时候，同时备份 1 到 6 份，这样文件的安全性得到了加强。当然，这样做的费用会相对高一些，但是和购买昂贵的硬盘来比，还是相当划算的。

　　2015 年 11 月 28 日，Storj 发布了首个图形界面的版本，给普通人提供了自由分享硬盘的空间，不需要任何特殊的 IT 技能。每一个用户都能够根据分享的免费空间来获得他们的 SJCX，这是由共享空间的大小和时间决定的。

SJCX 是 Storj 网络系统中的一个基准代币，我们可以把它当作一种"货币"。这种货币在指定的"商场"中，是能够使用和流通的，同时也用 SJCX 来租用或者是购买存储空间。

Storj 公司从开始测试到现在，已经进行了 4 轮的代币发送，大概发送出了 347000 个 SJCX，在测试结束之前，预计会释放出 80 万个 SJCX，为用户带来了更多和更加安全的云存储空间。

"我就是我"，区块链解决认证问题

最近，家住上海的王先生经历了一件非常可笑的事情，事情的经过是这样的。

王先生一家人想要出国旅游，在办理手续的时候需要明确一位亲人作为紧急联络人，王先生就想到了自己的父亲。这时，却遇到了这样的一个问题，需要有父亲和他的亲子证明关系，这让王先生非常的为难。

王先生已经成家多年，户口本上只有妻子和女儿的信息，而老家的户口本上早就没有了王先生的信息。这应该如何证明呢？

就在王先生感到困惑的时候，有人告诉他，可以到老家的派出所去开这个证明。王先生听了之后，便驱车千里来到了河北老家，到当地的派出所去开证明。到了派出所之后，由于王先生的户籍信息并不在当地，并没有顺利地从派出所开出证明。

这让王先生更加恼火了，他生气地说："怎么证明我爸是我爸就这么不容易呢？"

最终的结果是向旅行社多交了 60 块钱，就不需要证明

"我爸是我爸了"，这更让王先生窝火了。

在现实生活中，很多人都有过王先生这样的遭遇，在办事的过程中总是会遇到让人啼笑皆非的证明。例如，证明你爸是你爸，证明你妈是你妈，证明你没有犯过罪，证明你没有结过婚，证明你没有买过房子，证明你没有生过孩子，证明你的孩子是你的等各种各样的证明。

这样的证明，有的听起来让人感觉到不可思议，办理起来更是难上加难。

而在区块链中，有一个非常重要的应用——分布式智能身份认证系统，这个系统完整无误地记录了一个人所有的信息。这种基于区块链存储的信息，具有不易被篡改，不易被非法分子所窃取的特性，在紧要关头还能帮你做出需要的证明。

区块链技术如果被广泛地应用，记录在区块链上的信息，就好比是记录在一个分布式公用分类账本上一样，因此每个人都可以通过家庭关系来证明自己的存在和身份。

在世界著名的社交网站上，无论是 Facebook、LinkeIn 还是 Twitter 这样的网站，在使用的时候都会要求用户注册、填写资料、设置交易密码、查询密码。其注册的手续是非常烦琐的，同时也失去了对用户数据的控制权。这是由于一部分的私人信息会被留在网站的信息库里，有可能会被不法之徒盗取。发生这样的情况，用户除了生气、抱怨之外，是没有任何办法的。

如果 Facebook 这样的社交网站能够接受第三方网站提供

的用户信息进行注册和登录，用户肯定会非常乐意使用第三方网站来管理个人信息，尤其是这个第三方网站是使用去中心化的分布式身份认证系统。

在智能身份认证系统中，你需要选择一个十分个性的名字，让其他人通过这个名字能够很快找到你的区块链 ID 地址。进而将寻找到的区块链 ID 和其他社交网站相互链接进行验证，就能够确定你的区块链 ID 所属权，进而来证明你的身份。

当你创建完一个属于自己的区块链 ID 之后，系统会生成一个你的在线头像，同时还会显示你的护照照片，在姓名的下方会有一个密钥的创建日期，这个日期是不能更改的，这个独一无二的密钥会显示在智能身份卡的右上方。

在护照照片的下面，存在两个专属二维码，分别与你的智能身份认证系统和连接交易的二维码相连接。在二维码的左边是子密钥的信息，右侧是签名栏，身份认证卡的最下面是交易表示和哈希算法的证明。

我们的身份证在应用区块链技术之后，就变成了一个条形码或者是二维码。这样的身份证明，不容易丢失，而且利用起来十分方便。如果有一天，你不幸成了一名难民，即使你没有银行卡，你也可以凭借这个"身份证"去申请一个比特币的信用卡，且你不需要去任何机构办理证明，就能够得到来自家人和朋友的紧急救助金。

那么，区块链是如何做到身份认证的呢？

在区块链上，你的每个行为都是记录在案的，这个记录是不可更改、不可伪造，也不需要其他人进行证明的，你只需要提供一把自己的私钥，你和你家人的身份自然就能够被证明。

在区块链普及之前，采用的是生物识别技术，这样能够保证身份认证的准确度，但是去中心化的信息存储方式，有会造成信息被篡改的可能。如果将采集到的信息通过区块链信息进行存储，就能够提高认证个人的准确性。

ShoCard 就是将生物识别技术和区块链技术融合的一个项目，它将证件信息加密之后存储在用户的本地，然后再通过私钥匙进行数字身份认证。

在大数据技术的支持下，将个人的公共信息分门别类地记录下来，例如，生物信息（姓名、性别、身份证等）、个人特征（如婚姻情况、信用纪录、行政处罚信息等）。在将来，随着社交网络的发展，我们通过社交网络的身份或许就能证明自己的身份。

个人身份具有的多重性特征，使其必须要依靠大数据来进行支撑。区块链所具有的可追溯性，能够将数据从采集、交易、流通以及计算分析的每一步都记录下来并留存在区块链上，保证了数据质量的可信任度，同时保证了数据分析结果的正确性。

如果说 ShoCard 项目是区块链身份认证的新市场，还有一类区块链技术却是在挑战"旧市场"。例如，BitNation 公司，用户在其官网上通过区块链获得 BitNation 的"世界公民身份证"。用户凭借这个身份，能够获得 BitNation 自我认可的各种公民服务，例如直接进行登记结婚证明，具有很高的效率和透明性。

身份认证借口能够让个人的隐私得到很好的保护，用户不必在隶属企业的网站上重复填写个人信息。但是该借口的存储信息是由谁进行保管的呢？

北邮 eID 项目给出的答案是国家，由国家保管所有的网上浏览信息，听起来和美国的棱镜计划有点相似。在这样的情况下，许多公司都试图通过区块链的分布式存储思想，利用不对称加密将个人信息存储到区块链上，达到保护个人隐私的目的。

未来，当基于区块链技术的身份识别变得越来越广泛的时候，想要证明"我是谁""我是谁的孩子"将会变得非常的简单，不需要办理各种复杂的证明。我们每个人都会拥有一个独一无二的身份信息，这份信息会被嵌入政府的区块链上，这些信息包括我们的基本信息、生物信息，甚至一些需要特殊权限才能查阅的私密信息。

在生活和工作中，我们要获得查阅相关信息的权利，只需要登录政府区块链的平台并获得当事人的授权就可以了。在不久的将来，身份认证还可以被应用到企业招聘当中。

我们可以将区块链作为当下互联网的一种延伸，它让众多的创新者对区块链在身份认证领域的突破充满了期待。

不久的将来，基于区块链技术身份认证将会得到巨大的飞跃，到那个时候，整个的金融系统、政府体系以及信用体系，都会在区块链革命的熏陶下，发生翻天覆地的变化。

"我的就是我的"，区块链保护版权

某位作家发了一条这样的微博："辛苦的编辑们，揣着高学历，名牌大学的文凭，吃着盒饭，挤着公交，坐地铁上看稿子，每晚披星戴月地回到了家，连和女朋友问好都来不及，倒在沙发上睡了。这样辛辛苦苦所得来的成果，却能够在一瞬间就轻易地成为别人的成果。"

由此我们可以看出，版权保护显得尤为重要了。

2016 年 8 月 1 日下午，国家版权交易中心联盟秘书长在北京国际版权交易中心与北京太一云科技有限公司就"版权登记保护工作如何利用区块链技术更好地保护著作人权益和权利的问题"达成了深度合作意向。国际版权交易中心总裁滕勇先生和北京太一云科技有限公司董事长邓迪先生出席了这次仪式并进行了签约。

合作双方将联合打造基于区块链技术的新一代交易所基础设施，国家版权交易中心为该平台提供了依靠，使其获得了联盟资源配置的优势。除此之外，该基础设施将会推动版权等无形资产进行区块链登记、托管流转和变现机制的创新，推动国家版权链的研发和创新工作。

版权保护一直是全球范围内关注的热门话题之一，人们对其进行了深入的探讨和研究，但始终没有解决确权难、盗版严重、公开性差等诸多问题。

区块链，具有防篡改、不可逆、可靠性、可信任、去中心化、分布式、公开透明等优势，将其和创作人确权工作相结合，是版权登记备案工作的一大进步，可以说是一次历史性的变革。且利用区块链的优势对版权的发行、登记、交易全程记录是最有效的版权追溯方法。

Addison Cameron-Huff 是致力于版权侵权的律师，他曾经向比特币杂志说："我希望看到的一个区块链就是所有权的注册。很难跟踪版权作品的所有者关系链（特别是有多个作者，例如声音＋视频＋文本）。区块链特别适合于所有权跟踪问题。"

既然区块链适合所有的版权追踪问题，那么它是如何做到保护版权的呢？在这里，我们通过摩令技术开发的画版区块链为例进行说明。

画版区块链方案能够让作家和艺术家等版权所有者更好地为自己进行维权。在这个平台上，创作者们可以为其作品添加时间标识，为他们的作品建立一个完整的所有权追溯体系，时刻警惕非法入侵和侵害版权的人。与此同时，该平台还能为创作者和所有者发行具有时间戳的版权以及所有权证书，只要版权发生变化，就会被记录在册。

区块链底层技术中的艺术复制版权登记、授权交易及溯源平台，利用去中心化和去信任的方式，使画版区块链方案让数据库变得更加安全可靠，保证艺术复制版权数据能够正常运行。

画版区块链让每个用户都可以拥有唯一的配置文件，从而让用户可以简洁方便的管理他们的证书。画版区块链上获取了创作者和所有的信息，系统就会随时随地的追踪作品在线的使用情况，如果作品是在未授权的情况下被使用，系统会第一时间通知创作者和所有者。

在画版区块链上，每一个具有区块链编程基础的技术人员，都可以实现对网路系统的全程监督、升级演变和同步全网的数据，能够随时监督系统和数据是否有作假和篡改的现象。

只要是画版区块链上的用户，都可以在复制版权交易溯源系统中查询所有艺术复制版权的发行信息和交易信息。溯源系统的数据是根据用户的输入条件查询解析区块链数据，具有不可篡改、安全和完整性的特性。

用户查询复制版权的版权信息和交易信息的时候，在复制版权交易溯源中输入版权编号、复制版权编号、交易编号、创作人等信息，就可以查询了。

那么，画版区块链是如何实现这一过程的呢？

1. 画版区块链采用的是 PBFT 联盟共识机制。PBFT 联盟共识机制具有共识速度快、记账权限可控、数据公开透明、不能篡改、交易确认最终性的特性，不需要算力进行挖矿，是绿色环保的一种机制。

2. 进行版权登记。用户能够通过画版向区块链系统发起复制版权登记合约交易。当复制版权合约交易被确认后，此复制版权的相关信息如版权编号、复制版权编号、持有权利人、实物绑定码、交易金额等信息将写入区块链中。

3. 进行版权变更。画版区块链上想要进行版权变更，可以通过艺术复制版权交易平台或者其他第三方交易平台获得复制版权后，原来的持有人通过画版向新的持有人发起变更交易。新的持有人必须为画版区块链的实名登记用户，且复制版权必须在解绑的状态下。版权变更合约交易确认后，复制版权就会被转移到新的持有人名下，而交易的金额也会被同时写入区块链中。

4. 版权的分红。当某份版权被制作成大 IP 后，所获得的版权收益中的 10% 会被分给复制版权拥有的用户。收益分红总额、单份收益金额、分红时间等信息在版权分红交易被确认后，同样会被写入区块链中。

画版区块链标志着区块链维权走向了成熟，依托区块链的特点和摩令技术的技术优势，在版权登记、保护、评估、交易等方面起到了不可估量的作用，将会推动知识产权保护领域内的确权、登记备案工作进行历史性的突破和变革。

摩令技术开发的画版区块链非常完美地诠释了溯源的流程，目前这个流程并没有公开在平台应用，仅仅是一个模型而已，但这个模型堪称国内外较为成熟的版权追溯平台，且已经和权威的版权平台达成了合作意向，其实现过程也是指日可待。

2016 年初，摩令技术开始向区块链研发系统迈进，也就是后来的通用积分系统。10 月份，在一次区块链行业交流会上，摩令技术曾和国内著名银行卡收单专业化服务商联合演示了应用区块链技术完成跨行共享奖励积分的 demo 场景，通过最简单的几步操作，只需要几十秒的时间，就能够帮助消费者完成跨平台的积分兑换。

区块链技术为当前版权保护的注册、确权和验证问题做出了突出的贡献，推动了版权保护历史的发展。

第六章

区块链技术引发产业革命

区块链技术不止于颠覆互联网

继蒸汽机革命、电力技术革命、信息和互联网技术革命之后，出现了最有潜力触发新一轮颠覆性革命浪潮的核心技术，那就是区块链技术。

区块链虽然诞生于比特币网络，但是现在已经脱离比特币，在金融、贸易、征信、物联网、共享经济等诸多领域崭露头角。有报告指出，未来5—10年，区块链技术有可能颠覆很多的行业，不仅仅只是互联网行业。

在金融行业：因为区块链技术有安全、透明及不可篡改的特性，这个特性将改变金融体系间的核心准则，使得金融体系间的信任模式不必再依赖于中介者，导致许多银行业务都将"去中心化"，实现实时数字化的交易。

如果把区块链技术应用到金融领域，那么将完全改变交易流程和记录保存的方式，从而大幅降低交易成本，显著提升效率。这个效果已经在一些数字货币中有了验证，像比特币技术可以跨区域转账，而且手续费较低。

另外在虚拟货币、跨境支付与结算、票据与供应链金融、证券发行与交易及客户征信与反诈欺等五大金融场景都会产生最直接与有效的应用。

在网络安全上：黑客是最让我们头疼的，他们随意篡改数据，盗走信息，让网络瘫痪，使用户掉进网络陷阱，然后利用中心化数据库和单点故障进行攻击，从而给人们带来惨重的损失。

虽然区块链不是网络安全的灵丹妙药，但是专家和工程师，可以利用区块链存储和共享信息的方式避免这些安全陷阱，尤其是存在单点故障和中心化漏洞的系统，他们可以从拦截身份盗窃、防止数据篡改、阻止拒接服务攻击三方面增加安全性。

在供应链管理上：传统的供应链管理因为缺乏"信任"，采用"中心化"的管理模式。供应链上的各种事务，像采购、计划、生产、物流、退货等，都是由链主来进行"中心化"的设计、协调和管理。但是，这种"中心化""集约式"的传统管理模式，存在着资金流、信息流、实物流交互运行，协同难度极高的局限性。而区块链技术的"去中心化"模式，为解决这一问题提供了可能。

在物联网上：区块链技术的大数据管理、安全和透明性，还有智能设备之间服务交换的微交易带来的便利，都可以给物联网领域带来解决的方案。

现在三星和 IBM 正在开发"ADEPT"区块链技术，这是一个智能设备的去中心化网络。在这个网络中，不需要中心机构去处理设备间的交流，大量设备的账本都是公开的。各种设备之间可以直接交流、更新软件、管理故障和观测能量，做到真正的万物互联。

在预测领域：预测市场历史悠久，但是传统的中心化的预测市场，因为不透明性，所以存在着被操纵的可能，并且传统预测市场中，事件还需要发言人进行报告，这也意味结果可能有失偏颇。

人们需要一个去中心化、公开透明、更加适应全球用户参与的平台来改变这个现状，而这与区块链的特性天然匹配。无论从竞彩到股票到选举，这些科技可以去中心化地下注和观测。

在保险业：过去保险公司围绕着"总公司—省公司—市公司—分支机构"的组织机构，当引入区块链技术以后，这样的上下级的关系就不复存在，区块链技术会构建出一个新的"去中心化"的数据网络。这个技术让保险业回归本质：链接标的、重拾信任、分担共享。

举例说明一下，引入区块链技术后，如果在中国人保上海分公司上传一个理赔案，那么在中国人保全国各个分公司的理赔系统上，都会同时共享这个理赔案的数据和信息，甚至是一个标准。

在共享经济上：区块链技术这个天生就具备去中心化的特性，与共享经济的宗旨有着高度的契合。作为一个去中心化的共享数据账本，整个系统的运作都是公开透明的，这将使共享经济变得更加容易、透明。

从《腾讯区块链方案白皮书》中看出，腾讯正在努力把智能合约运用到自行车租赁、房屋共享等领域。

在慈善业：从之前的"郭美美"事件后，大家对慈善的诟病一直就没有停止过，对善款去向不明、信息不公开也是很有异议。但是区块链技术是一项分布式记账，对于"互相不信任的多方"，实行共同记账，让每一方都有账本，并且里面的信息公开透明，不可篡改。这恐怕是慈善公益的最佳"良药"。

捐款人可匿名捐款，可随时查询自己捐款的流向，再也不用担心有人对财务信息进行篡改。还可以在区块链技术底层引入智能合约，在捐款之前就确定好捐款的用途，以确保专款专用，让大众的爱心真正用到那些需要资助的人身上，不会被人挪作他用。

投票上：区块链最有可能颠覆的重要社会方面就是投票。近年来，美国大选被操纵的新闻不时出现。从这里面可以看出，现有的选举方法存在着缺陷。而区块链技术因为其不可篡改、高透明度等特性，被誉为具有改革投票系统的潜力。

可以通过区块链技术，确认选民的合法性、有效性。通过电子统计，确保只有正当的投票才被记录，并且投票不会被篡改或者移除，这样让选举更加公平和民主化。

政府管理上：目前，大众对政府的诟病也不少，虽然政府有极强的公信力，但对于政府的部分行为，因为不透明而经常被质疑，导致政府的威信降低。如果把区块链的应用拓展到政府工作上，那么将有助于政府向社会传递出透明管理的信号，有利于人民群众的监督。

区块链技术最直接、最显著的应用领域之一就是政府服务，现在区块链技术正逐渐被市场上的财务、审计、公证、税收、金融等相关机构重视。

在医疗业：目前医院一个很大的问题，就是缺乏安全地储存数据的方式。医疗和健康信息共享，医疗流程透明化，医疗事故责任可追溯，用于缴费和保险的智能合约等等，这些都需要区块链技术去实现。

区块链技术还在能源管理、在线音乐、零售业、房地产业等行业引起颠覆型的变革。

虽然目前区块链技术还处在早期阶段，还存在很多的未知因素或漏洞，但是一些大型的科技公司已经开始了布局。未来，区块链将如何颠覆各行各业，我们拭目以待！

让"上层建筑"更加透明

据报道，加拿大政府为了提高行政管理的透明度，倡议加拿大国家研究委员会，利用区块链技术来记录政府合同信息。在该试点项目中，政府的拨款和授权信息发布在一个区块链技术开发的平台上。

有人说一个好的平台能让坏人干不了坏事，而不好的平台能让好人也变坏，而区块链就是所说的"好的平台"。区块链技术使系统可以让每个用户都拥有一份完整的交易记录，所有的交易记录都是公开透明的，因此所有的交易都暴露在阳光之下，这样有助于构建一个更加透明的政府。这正是不少政府开始试行推广的原因。

政府信息公开、透明是法治的基础，还能有效提高政府的公信力和政府形象，有效防止腐败的蔓延，提高政府的办事效率。当权力足够大，政府的决策过程、信息公布又不透明，那么就会产生暗箱操作，官员就有了腐败的机会。毕竟，权力不能自己监督自己。

政府信息的不公开，在一定程度上也为官员的腐败提供了便利条件。建立公开透明的政府，不仅给人民提供了舆论监督的机会，也将有效改变政府的工作理念。从经济角度来说，上层建筑的透明，可以使企业获得准确的宏观经济信息，做出更加适宜的决策，实现政府信息的最大价值。

现在区块链技术的去中心化、公开透明等特点，已经得到了广泛的认可。我们可以通过区块链技术，实现建立一个透明的上层建筑的愿望。那么区块链技术对建立透明政府这一"上层建筑"的意义何在呢？

首先，区块链技术让政府变得更加透明，让诚信的成本变得更低。我们用政府预算制度为例来说明：通过区块链技术的平台，任何个人和部门都可以从政府的信息公示中，追溯到每笔预算的使用情况，并且确保所有信息都是可靠的、未被篡改的。而且，一旦出现问题，方便追责，不会再像之前那样有时分不清到底问题出在哪里。这大大提升了人民对政府信息的信任程度，提升了政府的可信度，维护了政府的权威。

其次，过程自动化，减少政府决策中的中间环节。我们用政府招标采购为例来说明：我们知道在传统的政府招标中，主管官员的作用很大。企业为了取得政府的订单，不得不想尽办法与主管官员保持良好的关系，这中间可能还会涉及钱权的交易。

如果采用了区块链技术来招标，那么可以运用区块链上的数据处理程序进行设置，取代原来部分官员的决策，并且招标的结果也可以直接在区块链上实现。同时，区块链上的这个结果实际产生了公示的效果。因此，采用区块链技术的投标方式，减少了人们对投标结果的异议，并且还缩减了招标时间。

最后，区块链技术还有利于政府信息被充分及时地公开。虽然现在已经是互联网时代，但是对于政府的不同部门来说，信息流通得也不是那么顺畅，一份文件在不同部门需要流转很久。对广大群众来说更是如此，想要去政府办一件事，通常跑一次就能顺利办下来的时候不多。

如果政府各部门的信息数据与区块链技术结合起来后，当数据可以共享时，可以确保数据被实时发布，从而使信息被充分及时利用起来。

说到"腐败"，估计大多数人都深恶痛绝。据统计，每年全球 GDP 的 2% 都被腐败所侵吞，也就是 2 万亿美元，相当于意大利全年的 GDP。我们在痛惜这笔钱流失的时候，也为这个数千年来就存在的难题所苦恼。不过区块链技术给这个难题带来了希望。

在非洲，根本就不存在一个正常、完善的合同签订流程，暗箱操作的现象非常严重，而区块链技术能彻底淘汰冗余的中间人，达到精简商业交易的效果。

在拉丁美洲，我们基本无法查到注册信息，一块地可能被暗地里转了好几次手，让利益链条上的人大肆牟利，而区块链技术可以使这些信息全部公开化、透明化，让腐败操作无处下手。

腐败，已经成为一种全球性现象。然而，随着政府的积极参与和区块链技术的应用程序在不少部门的实施，腐败现象将会大幅度减少，上层建筑的透明度将会提高。

在发达国家，无数的财阀都定期给政客行贿，那些政客代表的是财阀的利益，而不是永远都代表选民的利益。而区块链技术将会改变这样的局面，根据去中心化账本，让投票的结果无法篡改，那些代投票、废弃投票或者虚假选票被杜绝。

如果选民能够看到完全透明、公开、公正的投票流程，那么他们会改变对公权的看法，对自己所选出的政府的信任也将大大提升。

不要觉得这个遥不可及，目前已经有一些国家开始迈出了第一步。例如，莫斯科市就打算将区块链用于城市管理平台，让居民能实时追踪城市项目的投票情况。

美国华盛顿特区的"新美国智囊团"，提出使用区块链技术来消除腐败。这一想法由布雷顿森林体系的项目主管Tomicah Tillemann 提出。这一想法现在进入更加实质性的阶段，已经宣布了一个新的项目：区块链信任加速器项目。

如果在社会保障制度中引入区块链技术，在保证交易透明的前提下，还能隐藏受助者的真实身份，这一点非常的人性化。区块链系统不需要银行进行存储和货币转账，智能合约能够实现自动化发放福利，可以去除中间人和管理者，有效减低成本。最终打造出更加高效、安全、低成本的社会保障系统。

前几年，国际足球联盟的连环腐败丑闻让我们大跌眼镜，也让其信誉降到了冰点。如果国际足联能通过区块链技术确保决策流程全部透明，那么腐败的可能性会大大降低，也有利于其名誉重塑。

如果让区块链技术追踪一切资金的流向，那么就能确保红十字会每一笔善款的使用，世界银行等机构每一笔资金和贷款也有迹可循。区块链技术在银行业的应用例子有很多，不过最棒的一个就是芬兰推出的支付卡片。芬兰推出的这种支付卡片用于移民服务。

社会在不断发展，过去我们常常寄希望于一个好的领导，来推动上层建筑的透明性，但是几千年的陋习要改革太过艰难。不过有了区块链技术，让我们明白，我们还可以通过科技来实现这个伟大的意愿。这不是一个"是否"利用区块链的问题，而是"何时"的问题，我们相信这个"何时"将会很快到来。

金融服务产业的革新

可以说，区块链与金融是天然密不可分的，它是伴随比特币出现的。不过现在这个技术早已独立出来，并且被开发应用于其他涉及第三方机构信用背书的业务领域，特别是金融服务领域。

过去一家银行从另一家银行购买股票，因为中间的过程非常复杂，可能需要好几天，中间还会存在一方违约的风险，期间会带来不少的损失。而现在区块链技术将减少，甚至消除结算时间，从而确保操作过程的及时性和安全性。

2015 年，美国纳斯达克交易所推出了应用区块链技术的私人股权市场。得益于区块链中"不可篡改记录"的核心优势，该私人公司的管理者，通过该平台可以直接自行完成股权的发行、登记、交易等功能，而市场监管层可以通过平台的历史记录来监管和审计。这一革新，大大简化了私人股权发行和交易的流程，10 分钟内就能完成股权交易的清算。并且该交易平台还给发行人提供了可视化的图形和数据，以方便进行资产管理和数据分析。

近年来，虽然金融服务产业凭借互联网，获得了快速发展，但尚未触及金融行业的底层逻辑架构和基础 IT 设施。而区块链的出现，将从基础技术层面建立起一个"去中心化"的信任，这将颠覆传统金融信用中心式服务模式，让价值在网络上实时传递，从而开启一个新的价值互联时代。

现在我们来看看区块链技术将从哪些方面给金融服务业带来革新：

第一，区块链技术可实现为金融服务产业信任的数据共享机制。

我们知道区块链不是一种全新、单一的技术，而是在原有的技术上重新组合与升级。

从根据中心控制力度和信息公开度的程度，我们可以把区块链分为公有链、联盟链和私有链。不同于公有链的完全开放和公开，联盟链和私有链允许信息的部分公开。金融行业对参与者的准入有要求，需要严格控制交易和信息等的公开范围，因此联盟链和私有链对于金融行业更加适用。

自从 2015 年以来，联盟链和私有链的发展迅速，这为区块链金融应用的落地提供了强有力的技术支持。当前，金融体系是建立在以下三个基本制度的框架之上：依赖法律条文存在的商业信任；由独立第三方作为信用中介保障实现的资产转移交易；由集中式清算机构为中心处理完成的交易结算和清算。

而未来区块链可从技术层面建立去中心化信任：把现有金融体系的基础制度和交易规则固化在底层协议中，推动底层逻辑的标准化和自动化、把高层业务的应用分布化，进而实现去中心化的价值安全转移。这样做可以大幅降低行业风险，减少经营的复杂程度，把成本降低，进而有效提升金融机构的运行效率、降低行业的准入门槛。

第二，未来金融机构会充满区块链技术的应用场景。

一项技术能否最终存活下来，关键是能否找到合适的场景。根据区块链的去中心化、不可篡改、安全可靠等特性，像金融服务、征信和权属管理、跨境贸易、资源共享等，这些直接或间接依赖于第三方担保信任机构的活动，都可以从区块链技术获利。

目前应用场景最为成熟的当属金融领域。区块链让商业银行系统性地解决了全业务链上的痛点和顽疾。最近很多金融机构开始参与区块链的探索，积极开展各项应用。

一些金融巨头开始纷纷成立区块链实验室，去探索区块链应用场景；金融机构与金融科技公司开展比较深入的合作，通过外力改进内部业务和流程的"痛点"；为了研究制定金融领域区块链行业标准和协议框架，他们还组建了跨机构和行业的区块链大联盟。

2017 年，几家全球最大的银行宣布共同推进一个项目——多功能结算币，其目的是推进通过让全球银行在特定的区块链上可以采用抵押资产进行多种同业交易，从而为央行发行加密货币做准备。

对于新的区块链金融系统，世界各地金融都表现了很高的包容性。新的数字货币降低了准入门槛，让之前被排除在外的人们也能连接到新的金融系统，进而引起更大的竞争。新的区块链金融行业将会在哪些具体领域产生变革呢？

首先就是与验证身份相关的领域。目前，对于信任和身份验证都是由中介和负担银行完成的。使用区块链技术以后，将会直接消除信任元素，或者把信任元素转移到网络核心架构。

这一创新性的解决方案将会影响零售银行、批发银行、投资银行、资产经理、经纪商、支付网络、带宽市场、股权众筹、监管机构和审计等。

其次就是与分配有关的领域。金融系统每天有数百万亿的美元在流动，为了保护这些资金的安全，花费了很多的成本。在资产、货币、债券、钻石、黄金、白银、股票等分配领域使用区块链技术可显著降低成本、支付速度以及欺诈风险，它确保交易瞬间得到验证并完成，并且还能最大限度减少网络安全风险。

最后是贷款领域。自金融危机以来，借助区块链的 Prosper、Lending Clud、Funding Circle 等市场贷款提供商，给金融领域带来创新，使得贷款业务发生了显著的变化。我们看到债务可在区块链上发行、交易和结算，这一创新提高了效率、减少了障碍并改善了系统的风险。消费者和中小企业只要使用数字信誉指纹就能获取同行的贷款。

虽然区块链技术能解决全球金融行业的一些问题，但在应用中存在以下几方面的局限性：

第一，目前区块链技术仍面临计算性能低、占用空间大、算法灵活性差等问题。当前的应用主要局限于虚拟货币、初步的交易结算和信息公证等方面。

第二，监管仍处在模糊状态下。因为技术尚未成熟，导致各国监管机构的态度各异：有积极推动的，有不明朗的，还有一些国家持谨慎的态度。

第三，核心算法的安全问题。虽然区块链技术采用了当前最高等级、最高强度的算法机制，并且推出7年来一直并未被攻破，但这不能保证永远安全。目前，已有理论研究表明，在未来量子计算机出现后，可以在较短时间内破解区块链技术的核心算法。

任何事物都有两面性，我们在看到各种好处的同时，也要看到存在的不足之处，从而全面清晰地去了解，这样才能制定出好的战略计划，重塑金融服务行业的格局。

区块链和"新媒体时代"

2016 年美国大选期间，在一些社交网站出现了署名为 USA Daily Politics、Worldpolitcus.com 的自媒体网站，发布了大量像《突发新闻：FBI 已经确定希拉里即将定罪》的新闻，这让很多网民信以为真。

在人人都是自媒体的时代，如何减少网络谣言、净化新闻传播的环境，成为全球媒体监管的老大难问题。而利用区块链技术，则可以有追踪新闻来源的解决方案，从而可以实现媒体信源认证。

区块链技术还可以构建一个公开的分布式新闻数据库，从而建立公民新闻审核机制，这就解决了一些传统媒体审稿主观性强、编辑权滥用等问题，提高评审质量。并且在评审过程中，撰稿人的原始稿件、每一次的修改记录、审稿人的意见及读者的评论均可追溯。这增加了新闻的真实性。

对于新闻作品版权的精准追踪，区块链技术也可以解决。区块链技术在确权、用权、维权三个环节出发，完整地记录下了新闻作品版权流转的整个过程，从而为知识产权的保护提供了新的方案。2017年上线的"版全家"，就是利用人工智能和区块链结合的技术，提供了包括版权登记、转授权合同备案登记、版权检索、版权交易、版税结算、侵权举报和维权申诉等一系列保护版权服务。

在大众媒体时代，撰稿人只能从媒体平台获取稿费。但是如果借助区块链技术，撰稿人和自媒体可以通过智能合约对内容自主定价，不需要媒体平台就直接和读者互动，获取打赏和订阅费用。

我们知道，媒体一直以来都有着传播的作用，在商业时代，主要表现在广告上。但现在广告主需要对广告的效果透明化，但媒体都无法实现广告效果的量化，没法跟踪后续购买行为的转化。而对于这一点，区块链技术可以解决。

区块链技术所具有的透明化和加密化的特点，能够让广告主判断出其目标用户的具体位置，另外，还可以全方位挖掘到目标用户的潜在需求，从而提升媒体的广告效果，让媒体实现可持续发展，并且在广告投放的环节，可以获得最佳的投放频率。

利用区块链技术还可以对媒体的无形资产进行确权和价值评估，从而解决媒体筹款难的问题。在融资过程中媒体的新闻作品、文学作品、摄影作品、创意设计作品，乃至用户浏览数据、互动评论内容，均可作为融资资本。当然媒体还可以通过股权众筹的模式，进军文化金融市场。

2017年腾讯、阿里等大企业的纷纷布局，让区块链对应的新媒体市场也成了一座亟待挖掘的金矿，很多人涌进来，据统计，仅2018年1月份，就有至少50个区块链的新媒体成立。由于这类人才紧缺，有的机构爆出年薪60万元招工作者。这引起了众多媒体工作者纷纷转型，希望参与到一个大时代的滚滚洪流之中。

区块链技术正在改变传统的媒体业态，它们在业务流程、组织机构、治理体系和商业模式等方面引发新一轮变革。

第一，在业务流程上，表现为"版权为王"。

对于媒体的版权问题，一直是个老大难的问题，但是通过区块链技术中不可篡改的数字签名、可信时间戳，可以为新闻作品提供跨平台的版权交易和数据增值服务。可以利用区块链技术构建全网侵权监测系统、电子证据保全系统，这样能最大限度地识别出侵权行为；还可以构建一些版权自助交易平台，让记者和自媒体撰稿人能享受到自己创作作品的版权收益。

第二，在组织结构上，表现为"去中心化"。

区块链技术可以有效地让媒体转变角色和职能，打造出一个"去中心化"的平台。可以建立一个世界的虚拟编辑部，实现信息跨区域进行传递，从而破除条块分割管理对媒体融合业务拓展的阻碍；可以建立一个"代币"机制的新闻众筹平台，让记者根据自己的意愿和公众的需求去生产新闻。

第三，在治理体系上，表现为"共信革命"。

区块链技术可简化媒体的程序，降低媒体管控的制度性成本。目前太多形式的媒体，给网络监管带来了一系列的难题。

政府部门可利用区块链技术，让每一个合法的媒体注册唯一的数字身份，通过账本来记录这个数字身份的所有信息，从而实现新闻发布资质验证；通过邀请区块链网络上的所有用户对其进行评分，然后对各类媒体的信任积分进行动态管理；通过智能化合约，让那些信任积分低于阈值的自媒体账号直接关闭。

第四，在商业模式上，表现为"共享经济2.0"。

区块链技术的数字身份认证和"声誉管理"可以推动共享经济向更高层次发展。人们通过可以信赖的历史交易记录，来了解交易另一方的信用信息，评估其产品和服务的质量。媒体平台也可借助区块链技术判断用户的信用，建立一个抗干扰的评价生态系统。媒体平台还可以借助区块链技术引导建设众创、众筹、众包、众扶、众享的共享经济生态圈。

当新媒体与区块链相融合，会产生出媒体区块链的新模式。媒体区块链是"区块链＋媒体"进行创新的一种应用，将信用信息记录、共享和应用作为主要标准，从而让媒体成为社会信用体系建设的基础，这是拓展产业创新和公共服务的一个新模式。这一模式让新闻传播的效率提高，还减少了信任的成本。

媒体区块链推进了IP（Intellectual Property）化运营。这个运营，主要是将签约或代理的原创内容作品版权授权给一些游戏、影视、话剧、漫画、衍生品等领域的专业公司，以各种方式实现产业化运营。利用新媒体的便利进行跨界推广，我们可以通过版权竞合、价值链整合、大数据营销、社群化营销等平台探索 IP 化运营新模式。

我们还可利用智慧社区建设为中心搭建媒体区块链平台，给公民提供身份认证、政务信息公开、食品溯源监管、慈善组织资金流等提供一整套区块链解决方案。

媒体区块链还可尝试以城市为试点开始建立信用信息的共享平台，来慢慢提高信用信息的公开和应用水平，进而在全社会构建守信者受益、失信者受限的全新社会信用体系。

媒体记录人类文明的发展进程，或许在不久的将来，区块链将要主导人类文明的新发展，那时媒体将完成华丽的转身，实现无边界的突破发展。

大数据时代的助推器

如果说蒸汽机革命释放了人们的生产力，电力革命解决了人们基本的生活需求，互联网革命彻底改变了信息传递的方式，那么被认为是继蒸汽机、电力、互联网之后，下一个具有颠覆性技术的区块链，又将给我们带来什么样的改变呢？可能会彻底改变整个人类社会价值传递的方式。

近年来，大数据时代让我们的生活发生天翻地覆的变化，给众多企业带来了全新的机遇和挑战。虽然大数据发展迅速，但是在发展的过程中也遇到了很多的困境。

伴随着比特币过山车式的起伏，区块链开始步入人们的视野，并且一登场就光芒万丈，闪亮人们的眼睛。这样汹涌而来的区块链又将对大数据时代产生什么样的影响呢？

我们知道，区块链技术通过网络中的多个节点参与数据的计算与记录，各个节点之间相互验证信息的有效性，从这一点来说，区块链技术也是一种特定的数据持久化的技术。又因为其去中心化的特性，被认为是对大数据的升级与补充。

区块链的去中心化已经广被认知，但是去中心化的本意指什么，估计有人就不知道了。它的本意就是每个人参与共识的自由度。在区块链技术中，他有参与的权利，也有退出的权利，这个选择的权利把握在自己的手里。

在代码开源、信息对称的前提下，这个参与和决策的自由度，即意味着公平。虽然大数据也让人们有了更多的选择，但是区块链技术却保证人们在选择的同时，多了公平竞争的保障，公平是人类一直所追求的。区块链的公开透明，让隐藏在黑暗下的污秽无处藏身。

我们在享受大数据带来便利的同时，也对自身信息的泄露无可奈何。而加密的区块链却能用自身强大的加密技术，来维护虚拟网络的安全。因为它没有中央数据库，让超级厉害的黑客都无从下手。

区块链的可信任性、安全性和不可篡改性，正在让更多数据被释放出来，助推着大数据时代迤逦前行。现在我们来分析一下区块链给大数据带来了哪些好处。

一、区块链给大数据带来了安全，让数据真正"放心"流动起来。

因为区块链的可信任性、安全性和不可篡改性，能够让更多的数据可解放出来。法律对个人获得基因数据是有限制的，不过区块链测序可以利用私钥限制访问权限，从而规避了这个问题，并且还能利用区块链的分布式计算资源，降低测序的成本。区块链的安全性给测序的工业化提供了解决方案，能够实现全球规模的测序，进而又推进数据的海量增长。

二、区块链让大数据既可以开放共享，又保障私密性。

当前政府大数据的开放是大势所趋，政府部门掌握着非常多高密度、高价值的数据，如医疗数据、人口数据等。如果让这些大数据实现自身的价值，那么这将对整个社会的发展产生不可估量的推动力。但是如何在保护个人隐私的情况下把数据放开，让数据起到更大的作用，这是一个问题。

而区块链的哈希处理等加密算法能保证数据私密性，这为在保护个人隐私的前提下开放数据提供了解决方案。例如，区块链技术的英格码系统，让人们在不访问原始数据情况下，就可以进行数据运算，这杜绝了数据共享中出现的信息安全问题。

举个工资的例子来说明，很多公司对员工的工资实行保密制度，但有时还是想知道自己的工资水平在公司中到底能排到多少。如果引入区块链，那么公司员工可放心地访问其工资信息的路径，还能计算出群内的平均工资。虽然每个人可知道自己在该组中的相对地位，但对其他成员的薪酬一无所知。

三、区块链确保大数据的安全，让数据分析变成现实。

我们总在说大数据好处，但是只有对大数据进行分析，才能实现大数据价值，如果不去分析，那就是一堆没用的垃圾。而在进行数据分析时，首要的问题就是有效保护个人的隐私，防止核心数据泄露出去。

现在随着指纹数据分析的应用和基因数据分析的普及，让很多人感到担心，如果自己的健康数据泄露出去，可能会导致严重后果。而区块链技术可以用多签名私钥、加密技术、安全等多种技术来杜绝这类事情的发生。

人们可以使用数字签名技术，让那些获得授权的人或者机构才能访问自己的数据。数据统一存储在去中心化的区块链上，在不用访问原始数据情况下进行数据分析，既保护了数据的私密性，又可以放心地让全球科研机构、医生共享，成为全人类的基础健康数据库，给未来解决突发疾病、疑难疾病带来了极大的便利。

四、区块链促进大数据价值流通的管道。

如果利用区块链技术，对于个人或机构有价值的数据资产进行注册，那么就会形成全网认可的、透明的、可追溯的交易记录，可以明确大数据资产的来源、所有权、使用权和流通路径，这对数据资产交易具有很大价值。

传统商品中介利用网络进行简单的复制粘贴，让数据这个非常特殊的商品的所有权不清晰，这对数据的生产者也是不公平的。这种威胁不是依靠承诺就能消除的，这样威胁的存在也成为阻碍数据流通的巨大障碍。

这样传统的交易方式已经不能满足大数据的共享、交换和交易。而区块链能够破除中介式拷贝数据的威胁，保障了数据拥有者的合法权益，给建立可信任的数据资产交易环境提供了保障。

此外区块链还提供了可追溯的路径，能有效破解数据无法确定所有权的难题。区块链让每笔交易的来龙去脉非常清晰、透明。当人们对某个交易有疑问时，可根据历史交易记录方便地判断该交易是否真实。

五、区块链让大数据降低了信用成本。

人类社会合作的重要机制就是信任，为此人们建立了很多的组织和制度，这个信用的成本是巨大的。为了维持市场信任体系，无论是交易的双方，还是信任中介，都付出了巨大的信任成本。而区块链这个信用机器，通过技术手段降低了信用成本，确保了信息的安全。这对经济的全球化起到了推动作用。

大数据带动了区块链的发展，而区块链的出现又促进了大数据的开放。两者是相辅相成的，未来会带给这个世界更多的革新。

"共享经济"的救命稻草

下了地铁，离公司还有一段距离怎么办？扫一辆小黄车骑着去上班；中午在餐厅吃饭的时候，拿起手边的共享充电宝给手机补充点电；周末，约上朋友，在 Uber 上租一辆车，在 Airbnb 上定一间民宿，一起自驾去体验不同的风景……

不知何时，这样的共享经济已经融入了我们的日常生活。但是你可知道，现在的所谓共享经济，其实并不是真正的共享经济，它们只是表面的共享，而不是彻底的共享。

共享经济指的是以获得一定报酬为主要目的，在陌生人且存在物品使用权暂时转移的一种崭新的经济模式。共享经济的本质，强调的不是集中，而是把分散化的社会资源，通过点对点的方式，让参与者各自以不同的方式付出和受益。

这与区块链的要点是不是存在着共通？突然发现，区块链和共享经济这两个相互切合的互联网热点，恰好存在着完美的契合。想要实现共享经济，一定要有共享对象的共赢、交流渠道的畅通、保证数据的安全、交易双方的相互信赖。

但是当前我们所熟知的一些共享经济的代表项目，比如 Airbnb、OfO、Uber 等应用，从商业模式上来看，根本就不是共享。这些公司通过中心化聚合资源，然后进行统一分配出去，赚取一定的费用，这样的模式说是聚合经济会更加贴切。

目前的共享经济不进行共享，或者说共享得不够彻底，这就是当前共享经济的症结所在。理论上，共享经济让消费者、共享提供者都能获得经济收益。但是因为目前的共享经济没有完全地点对点，一些信息还掌握在中心化的服务公司手里，大部分的利益都会流进他们的手中。

而区块链的去中心化恰好能解决目前共享经济的症结，实现真正的点对点，实现真正意义上的共享经济。

因为目前的共享经济还是使用中心化的大数据，那些平台收集了很多使用者的信息，如果数据被泄露出去，将会引起一系列安全问题，这将是致命的打击。而区块链的加密算法，能够有效保护用户的隐私。

现有共享模式中，绕不开信用和押金的问题，这也是双方的互信，如果任何一方违约都会给信任带来损害，导致共享经济企业的运营出现障碍，让用户的体验下降。前段时间还出现了××共享单车跑路，用户的押金退不出的事情，这让很多共享单车爱好者又爱又恨。

如果引入了区块链，在运营方面，可以借助其技术对用户的信用追本溯源，并据此给出一个授信额度，这个额度就是用户使用共享服务的条件。对用户而言，因为区块链这个客观可信的"担保"，根本就不需要押金了。

引入区块链的"新"共享经济，注定要颠覆以前旧有的关于共享经济的认知，让共享经济真正回归到共享的本质上。

新的共享经济不再有共享者与消费者之分。

我们知道不论是 Airbnb、Uber 还是滴滴，这些共享服务中都有资源共享者和消费者，一边负责提供产品或服务，一边负责消费。这样的"共享"让作为聚合中心的平台发了大财，而那些真正的资源共享者却经常所得与付出不匹配。

其实，那些鼓吹做共享生态链的企业和机构，它们的本质并没有离开价值链这个传统的思维，它们所做的一切都是为了把自身立于价值链条上最挣钱、最获益的环节。这也是无可厚非的。但区块链时代的共享可能会颠覆这一认知，到时不只是金融，整个社会都在强调去中心化。

在真正的生态系统中，所有参与其中的成员都可以共生共荣，互相获益。如果有某个企业想要单独获益，那么将会被区块链思维下的商业模式逐渐抛弃。对于共享经济这种本来就带有点对点性质的商业形态来说，更是如此。

在新的共享经济模式下，将不会再有共享者与消费者的区分，因为人人都是共享经济的参与者。

新的共享经济将会转化成共生生态。

未来随着共享经济的发展，价值链肯定会被摒弃，将会建立起名副其实的生态系统，也就是必须是共生生态。

在共生生态中，每个共享资源端（如 Airbnb 中的房屋出租者，Uber 中的车主），将会自成为一个节点。原来的 Uber 的车主只能做"运输乘客"，而引入区块链的 Uber 的车主，因为没了中心平台的制约，可以在独立的节点上自由地发展业务，像短租车、仪仗车队等诸多和车相关的业务。而获得的报酬，不是像原来那样，大多被中心化的平台拿走。

新的共享经济下，共享者改变了传统被动参与者的模式，在区块链技术的支持下实现了分布式自主，从而使每个人都可以成为中心的共生生态。共生生态体系，可以自动实现内循环、自驱动发展，再也不需要一个"商业模式领袖"（也就是"剥削者"）来带领所有人前进。

共生生态释放了共享经济该有的潜力。

原来的共享经济是被限定的单领域，而引入区块链后的共享经济，是自由扩展的多领域，这一转变实现了海绵化的深度共享，带来一些不同寻常的商业意义和社会意义。

新的共享经济中，共享者可以自主决定如何共享，这将让共享的领域变得十分宽广。吸纳各种模式和内容后，共享将变成没有中心组织的海绵共享。

在共享经济的浪潮下，海绵共享必然会使共享经济发挥出最大的价值，未来将会给用户带来更大的便利与安全保障。

区块链去除价值传递过程中介的干扰，让信息公开透明，但又能保护用户的隐私，在共同决策的同时又保护了个体的权益，给真正的共享经济提供了全新的技术支持。

数据公开透明，为共享经济提供信用保障。智能合约，为共享经济提供解决方案。可以说区块链是实现真正共享经济的一种理想的解决方案，是目前共享经济的救命稻草。

区块链成就供应链

2017 年，IBM 和马士基宣布双方进行了一项新的合作，那就是利用区块链技术来帮助全球跨境供应链实现改变。该区块链的解决方案可以用在海运和物流行业。这个方案把端到端的供应链流程数字化，能够帮助企业管理和跟踪全球上千万船运集装箱的书面记录，提高贸易伙伴之间的信息透明度并实现高度安全的信息共享，等大规模应用以后能给该行业节省数十亿美元。

区块链已经在医疗、金融、智能制造等行业引起了变革，终于也开始对供应链发力了。因为供应链管理和供应链金融的市场规模足够大，存在着多信任主体、多方协作、中低频交易、商业逻辑完备等特点，这正是引入区块链必备的条件。

我们先来看看传统供应链存在的一些问题。

首先，传统的供应链因管理跨度较大，存在信息不对称的问题。

传统的供应链，它们的上下游跨度非常大，并且所涉及的企业也多，即使是核心的企业，也很难管理和影响整个供应链，这样导致管理效率低并且管理成本高。

此外，大多产品的生产周期和供应周期非常复杂化、零碎化，还存在着地理位置的分散化。传统的技术和手段，已跟不上现代商品的生产和供应以及需求。

随着全球分工的不断细化，导致供应商的数量越来越多，供应链的长度不断延长，分布也扩大到全球各地。而传统的企业，最多可以管理1到2级的供应商，不能对上下游的供应企业流通货物做到实时掌控。

在如今这样一个大数据时代，如果信息不对称，会使各企业处于非常不利的地位，甚至会降低整个供应链生态系统的价值。

其次，传统的供应链信息追根溯源的能力弱。

因为每个供应链缺少透明度，所以买卖双方缺少一种可靠的方法去验证所买卖的产品的真正价值。如果买方支付的价格不能真实地反映产品的成本，那么无形中就增加了供应链的整体成本。

传统供应链，当供应链环节中出现了假冒伪劣商品、违法劳动、洗钱等非法活动时，是无法追踪到其根源的。对于一些奢侈品公司，供应链防伪就是一大痛点。品牌商每年都投入巨资进行防伪打假。有报道说，奢侈品公司每年大概在防伪方面的投入高达其营业额的1.5%。

信任一直是品牌经营者和消费者之间的障碍。一般消费者对真伪辨识能力缺乏，又或者有的造假太过逼真，让消费者很容易就买到假货，从而对整个品牌产生误解，影响了品牌商的信誉。

最后，获取传统供应链全链条的数据难度很大。

因为供应链所涉企业太多，并且信息都掌握在不同的供应商手里，采购、生产、流转、销售、物流等流程的信息都是完全割裂的，没有一个统一的信息平台来存储、处理、共享和分析这些信息，让这些丰富的数据和信息没有发挥出其最大价值。大量信息处于无法收集或无法访问的状态，就像一颗珍珠被灰尘所覆盖，真是可惜。

这些大量的信息让核对审核也非常困难烦琐，信息交互不畅，需要用人工重复对账，无形中也增加了交易支付和账期的审计成本。

而把区块链技术应用到供应链中，则能解决传统供应链中的哪些问题呢？

第一，引入区块链技术以后，能消除第三方，保证信息的实时更新。

我们可以利用区块链来搭建一个包含供应商、制造商、分销商、零售商、物流等所有供应链环节的一个大的综合平台。在这个平台上，所有的企业都结成联盟，将物流、信息流、资金流都记录在链条上，这样就能实时跟踪监管供应链上的所有动态，轻松实现协同化工作。

在这样的平台上，整个供应链都是透明的、可视化的，每一笔交易、多少个参与者都一清二楚。我们不需要通过第三方中介机构，便能够查看交易记录，验证身份并确认交易。这可以减低成本。

第二，引入区块链技术以后，方便对产品追根溯源。

利用区块链的技术，让过去模糊的信息清晰可见，让所有参与者共享交易的整个信息。区块链技术是采用分类账公开发行的原则，任何一方都不能按自己的意愿来随意修改数据。这让造假者无从下手，所以我们可以利用区块链对商品生产的全过程进行溯源。

第三，引入区块链技术以后，可以开启供应链金融的新模式。

供应链金融指的是，把供应链中的核心企业和与之相关的上下游企业，看作是一个整体，把核心企业作为依托，在真实贸易的前提下，通过自偿式贸易融资的方式，给供应链中的上下游企业提供综合性的金融产品以及服务。

我们知道银行出于风控的考虑，仅愿意对供应链的核心企业一级供应商等提供保理、预付款或者存货融资等业务。这就导致了有巨大融资需求的二级、三级等供应商／经销商的需求不能得到满足，于是供应链金融的业务量受到限制，这样容易导致产品质量出现问题，进而伤害整个供应链体系。

而用上区块链技术以后，我们可以在区块链上发行一种数字票据，在公开透明、多方见证的情况下能够进行随意的拆分和转移。

在供应链金融中，利用区块链技术可以实现票据融资、签发、支付票据拆分、统计报表、清算结算等功能。让数字票据在多方见证的情况下，公开透明地进行快速支付和拆分，让核心企业的信用向供应链的上下游传递，开创了供应链金融的新模式。

这种模式把整个商业体系中的信用变得可传导、可追溯，使以前很多无法融资的中小企业也能得到融资机会，提高了票据的流转效率和灵活性，也降低了中小企业的资金成本。

有统计表示，在传统的供应链金融公司中仅有约 15% 的供应商得到了融资机会，而采用区块链技术以后，这个比例将会提升到 85%。这对大多数中小企业的供应商来说是个福音。

由于区块链使得各家企业的数据链接在了一起，这就给供应链的大数据提供了更多的数据来源，让大数据能够更好地发挥其作用。另外，区块链数据的不可篡改性也增加了数据的真实性，这让企业以数据为征信成了可能。

区块链技术还加快了产品溯源和产品召回的速度，降低了产品的质量风险。利用区块链技术的供应链让制造业运转得更加灵敏，还能实现客户的可定制服务，这也是把供应链转变为需求链，一场更大的变革将会来临。

从证券交易所到区块交易所

  1630 年，史上第一家证券交易所在阿姆斯特丹诞生了，那时人们采用证券实物进行交换。投资者或证券持有人首先要把实物证券寄放在交易所中，然后才能去做证券交易。那时一笔交易需要半个月，有的甚至长达一个月才能完成清算。

  后来随着证券交易数量激增，导致实物证券的交割无法及时完成，于是出现了证券公司与结算机构，这些公司和机构共同服务于投资者和交易所，提高了交易的效率，但还是无法满足日益增长的交易需求。

  这时计算机开始出现，计算机的出现不仅提高了证券交易的效率，还大大降低了交易中人为出错的机会和成本，给证券交易带来了变革，证券交易的方式开始从实物证券交易变为无纸化证券交易。

  不过目前证券交易所的运作程序还存在着以下的缺点：运行时间长、成本高、操作烦琐、风险大等问题。人们正在苦苦思索如何改进这些缺点，这时区块链技术出现在了人们眼前。伴随金融交易诞生的区块链技术，其最初的目的就是为了更好地服务于金融的交易。利用区块链技术的交易所可以简化操作流程，最大限度地降低风险，节约成本。

区块链的非对称加密与不可篡改和不可伪造的特性，天生就能为金融交易提供安全可靠的服务。并且，这个令人着迷的区块链还有实时广播的特性，如果应用了这个技术，那么交易就可以快速广播至全链。这也许就是人们梦寐以求的金苹果。

目前无论是国内的还是国际知名的金融机构都在研究区块链，想把区块链技术应用到证券交易所。目前已经有不少的证券交易所都对区块链技术进行了探索：

2015 年初，纳斯达克已经公开表示探索区块链的应用，并利用区块链技术来完成和记录私人证券交易。2016 年，纳斯达克准备专利申请，把区块链用来保护交易所的交易记录。

2016 年，日本交易所集团、东京股票交易所、大阪交易所以及日本证券清算公司宣布将协作测试该原型产品，日本交易所集团使用 IBM 的 Fabric 区块链平台作为基础进行测试。

2017 年，伦敦证券交易所宣布成立一个主要研究区块链技术应用的工作组。

2017 年，全球四大交易所之一的纽约证券交易所也是最早表示对区块链有兴趣的公司之一，推出纽交所比特币指数（NYXBT），也是全球首个由证券交易所计算和发布的比特币指数。

2017 年，澳洲证交所（ASX）宣布将使用区块链来处理股票交易，这也是全球第一家正式利用区块链技术的交易所。

区块链技术能给证券交易带来什么样的利益，让这么多公司和机构如此看重？下面我们来分析一下区块链技术在证券行业的应用所带来的好处，你就能明白了。

一、区块链技术让证券交易更高效。

从金融市场诞生时起，就存在着信息不对称的问题，这个难题一直无法解决，造成很大的成本浪费。根据有关报告，全球证券市场用在行权上的成本，每年大约为 50 亿—100 亿美元，而用在结算、托管和担保物管理的成本就高达 400 亿—450 亿美元，交易之后流程数据及分析的成本大约为 200 亿—250 亿美元。

怎样才能解决因为信息不对称所造成的交易效率低下、价格发现机制错位、流通性差等问题呢？人们一直在探索解决办法。

我们知道区块链技术拥有"去中心化"的信任机制、不可篡改和可追溯的技术特征，这些特点正是解决这些问题的良药，能大大缓解甚至彻底解决由于信息不对称造成的市场低效问题，从而能有效解决金融行业现存的问题。所以众多金融机构纷纷把区块链纳入发展规划。

根据《2017 年全球金融科技调查中国概要》显示，全球 1308 家金融机构，计划在 2018 年前引入区块链技术的金融机构占比 55%；到 2020 年，这个比例将上升至 77%。

区块链技术在金融行业的改革中，将会发挥着重要作用。利用区块链技术，可以对证券发行、证券交易和资金结算与清算进行优化。

在证券交易过程中，引入区块链技术后，可以建立一个无须中心机构信用背书的金融市场，在这个去中心化系统中可以实现点对点的证券交易；利用区块链的智能合约及可编程的特点，可以增加证券发行信息的透明度，降低中介机构的作用，直接省去在证券交易所这个交易的过程；还可以通过分布式数字化登记录入系统，从而实现自动结算和清算，这大大提高了交易效率并且降低了成本。

二、当前交易所在区块链技术的应用实例分析。

2015 年 10 月，美国 Nasdaq 证券交易所正式公布了，它们利用区块链技术搭建了区块链私募股权市场交易平台。

在这个区块链平台上，可以进行私人股权的登记，并且容易操作，该平台还允许初创公司把它们的股权在该系统中进行交易。2015 年 12 月，Nasdaq 有了第一笔交易。在该平台上还建立了区块链的股权投票系统

这个区块链交易所平台的建立，让私人股权以一种全新的方式进行转让和出售。通过这个平台私募的股票，发行者享有数字化所有权。这个平台极大地缩减了结算的时间，把资金成本和系统性风险降低了很多。

这个平台让股票的审批流程得到了简化，提高了交易和管理的效率。在这个平台上，交易方的身份、交易量的多少等信息被实时记录在区块上，这提高了证券发行者决策的效率。

这个公开透明、可追踪的系统有利于证券发行者和监管部

门进行市场维护，可以减少暗箱操作、内幕交易的发生。

对于投资者来说，区块链技术可以使证券交易双方绕开第三方机构，直接进行交易。在提升交易效率的同时，还降低了双方交易的成本。同时透明的交易流程还保证了交易过程的安全可靠。

对机构来说，因为去中心化的证券体系让每个节点都拥有完整的市场账本，减少了信息不对称的情况，减少了运营维护成本，可以有效防止交易过程的贪污、作弊等不良行为。

当然，区块链技术也不是完美无瑕的，也存在着一些问题。比如怎样提高存储设备的存储效率以及降低其能源消耗就是一个急需解决的问题。另外区块链技术中的通讯延迟问题，也是该技术发展中一座不可翻越的大山。

第七章

区块链技术的开拓者们

"炒币时代"的推动者们

2008年金融危机的爆发，引出了一个全新的数字货币——比特币，一种去中心化的加密数字货币。

2010年世界上第一个比特币交易平台上线，用户开始暴增，比特币的价格开始第一轮的暴涨，2011年比特币价格首次突破1美元。随后，英镑、巴西雷亚尔、波兰兹罗提与比特币的汇兑交易平台陆续上线。

2013年，比特币从年初的每枚13美元，一路高涨至1242美元。比特币的暴涨，让市场出现了一些类似比特币的数字货币，如莱特币、狗狗币、福原币、瑞波币、以太币等。

比特币开创了去中心化密码币的先河，但是它并不完美，其协议的扩展性不足，在比特币网络中只有一种符号——比特币，用户无法自定义其他的符号，这些符号可以是股票、债券等。此外，比特币的语言不能构建更高级的应用，像去中心化交易所等。

2013年到2014年以太坊的概念开始提出，在2014年时通过ICO众筹开始发展起来。以太坊是一个开源的有智能合约功能的公共区块链平台。

各种××币创造的"暴富"传奇在网络上广泛流传，引起了越来越多的"投机者"。过去的2017年，每天都能在朋友圈看到辞职去炒币的宣誓，朋友见面不是聊××币又涨了，就是公司的××靠炒币买房了。如果你说炒币赚了2倍，都会被别人嘲笑，人们希望的是，靠炒币去赚百倍、千倍。只要听到××项目是去中心化，大家都会一哄而上，争着抢着去投资。

有人拿自己辛苦多年的血汗钱去搏一搏，希望能够搏来一个美好的未来；有人刷爆了信用卡去投机，期望能够得到未来的财务自由；有人拿买房的首付入场，期盼着能换回一整个房款。

数字货币的暴涨暴跌，激发了人们内心的贪欲。炒币跟炒股很像，但是从来没有哪个股市的暴涨与崩盘像比特币这般频繁，因此人们用"币圈一日，人间一年"这个说法来比喻比特币行情的快速变化。

尽管很多人都知道有风险，可是还是鼓励自己：做什么没有风险？大的风险才有大的收益，我曾经错过了互联网时代的淘宝开店，错过了微商，错过了炒房，这一次的炒币时代一定不能错过。

数字货币市场的繁荣，引发了区块链技术的热潮。最近几年，区块链项目经历了非常大的发展，世界上每天都有新的区块链项目诞生，每天都有新的区块链项目公布自己的最新进展。无论是国内还是国外，区块链已经有了一些规模项目的应用。

2015 年，美国纳斯达克证券交易所，推出一个区块链技术的数字分类账技术 Linq，这个平台可以进行股票的记录交易与发行，并向世界各地超过 100 家市场运营商客户开放了区块链服务。

2015 年，一个由全球具有影响力的 42 家金融机构组成的机构，R3 CEV 联盟正式成立。这个联盟致力于打造的区块链联盟是一个开源、通用共享账簿的区块链，不仅金融行业资深人士、技术人员可以参与其中，区块链及密码学的专家同样可以参与其中，在他们的共同努力下，让区块链技术满足银行业对身份、隐私、安全、可扩展性、互操作性及遗留系统整合方面的需要。

对于区块链的发展，我们可以分为以下三个阶段：区块链 1.0 阶段，在这个阶段主要是以比特币为代表的数字货币的应用、支付、流通等货币职能；区块链 2.0 阶段，在这个阶段主要是数字货币和智能合约大展身手，主要是在金融行业的影响，及金融的可编程；区块链 3.0 阶段，这一阶段区块链技术冲破金融领域，开始在社会其他行业，如医疗、物联网等行业应用，即社会的可编程。

无论是区块链 1.0 还是区块链 2.0，从商业模式来看，主要面对的是个人，目前区块链技术的使用范围还是过窄，还没有形成真正的企业级的区块链。而以原链生态系统为代表的区块链 3.0 时代，需要将公有链、联盟链、私有链、云计算、人工智能进行融合升级，这个市场规模是巨大的。

区块链的发展离不开数字货币，数字货币是区块链中重要的一部分。对于公有链来说，这是一种有效的协作和奖励机制。不过这也有一定的局限性，比如以太坊的 GAS 机制，如果想要发行程序就需要消耗燃料，不过这个在一定程度上，也能预防一些大量恶意或无价值的程序对系统造成攻击或加大承载。

区块链中的公有链，因为有激励机制，所以必须有内置数字代币用来奖励记账者；而联盟链的记账成本，则是由联盟成员自行承担，所以在一些非金融相关领域可以不使用数字代币；但如果在金融行业或者金融有关的领域，如果缺少了数字代币，这联盟链的很多智能合约应用会无法实现，比如款项支付、资金划拨、信贷结算等。在区块链供应链系统中，如果没有数字代币，那么这些平台根本就无法落地应用。

在链生态圈中，如果不存在代币 YCC 的激励机制，谁来为系统做专门的开发维护？没有优秀的团队来开发，它又怎么会成为一个自治的生态系统、完整的商业模式呢？如果在比特元区块链上登记发行数字资产，不需要消耗"BTY"，谁来帮他们登记发行数字资产？

公有链技术离不开数字货币，在公有链上发行数字货币，可以为一些推进区块链技术的初创团队筹集资金，这一点是有益的。区块链技术是一种全新的技术，我们应该鼓励各种尝试。我们知道任何一种新技术都可能会带来投机和泡沫，就像曾经的信息互联网泡沫破灭之后，带给我们的是更加先进、发达的信息互联网技术和应用，相信区块链技术亦会如此。

原链生态系统中，每个许可子链都是相互独立的，每个子链上都包含着不同的数据，其数据不可用于直接相互调用，也不可以被同步调用。每个子链之间通过队列异步通信，而且还得通过主链进行路由确认。在原链生态系统中，广泛应用了高性能、高频的区块链技术。

区块链技术被认为是继蒸汽机、电力、互联网之后的又一颠覆性创新。目前在国内的应用主要集中在金融领域，从2017 年开始，国内有关区块链应用的项目也开始陆续落地，在金融业公开宣布的区块链项目就有 20 个以上，这些项目主要围绕积分、清算、资产管理、贸易金融、供应链金融等领域。

我们知道在金融领域内，金融机构之间，特别是跨境金融机构间的对账、清算、结算的成本一直都很高，并且还有很多复杂的手工流程，而应用了区块链技术后，可有助于降低金融机构间的对账成本及争议解决的成本，可以显著提高支付业务的处理速度和效率，还让一些小额跨境支付成为可能。

我们知道区块链是一个去中心化的平台，所以区块链联盟必须是一个公开、平等、开放的合作平台，在这个平台上，各成员地位平等。而现在推动区块链应用的，都是一些大型的、具有行业垄断地位的机构在做，导致联盟链的落地存在开放性的问题。这一点在推动区块链应用落地时，是必须面对的问题。

在数字经济时代，区块链技术让流向可见，让信任成本为零，让所有数字化资产的流向都有"链"可查，重构了社会的信用建设，给很多行业都带来了新的机遇。为了抓住这个新的机遇，很多公司开始了在区块链技术上的布局。本章的以下小节，我们将要探讨一些大公司在区块链上的布局。

IBM 的"超级账本"

超级账本（Hyperledger）是 Linux 基金会在 2015 年发起的一个项目，该项目是为了推动区块链技术应用于金融领域及交易验证方向的发展而发动的。这个项目得到了全世界 30 多家大型公司的支持，加入的成员包括 IBM、英特尔、摩根大通、荷兰银行、富国银行等。

"超级账本"想要达到让成员可以共同合作，共建一个开放平台，发展一个跨行业的、开放的以及开源代码的代码开发库的目的。以此来满足不同行业间的各种用户案例，简化交易流程，促进区块链技术在商业生产过程中的应用。IBM 公司区块链技术部副总裁杰里·科莫说："我们的使命就是为商业建立一个区块链。"

这个项目有着重要的意义，因为区块链技术点对点网络的特性，让超级账本是完全透明、共享和去中心化的。这一特性适合应用于多个行业，例如金融业、保险业、物联网、制造业等。

在这些行业中，通过创建超级账本的公开标准，能够实现虚拟和数字形式的价值安全交换，如资产合约、能源交易、结婚证书等，并且能够节约成本，提高交易效率。

在超级账本刚成立的时候，就收到了很多的开源技术。其中 IBM 贡献了 4 万多行已有的 Open Blockchain 代码，Digital Asset 贡献了企业和开发者相关资源，R3 贡献了新的金融交易架构，Intel 贡献了分布式账本相关的代码。

超级账本是一个联合项目，由许多子项目构成，这些子项目必须符合将要面向不同目的和场景的条件。目前主要包括 Fabric、Sawtooth、Iroha、Blockchain Explorer、Cello、Indy、Composer、Burrow 等 8 大顶级项目。其中 Fabric 这个框架主要是用于运行智能合约，并用技术以及可插拔方式来实现各种商业应用场景，也逐渐成为超级账本中人气最旺、应用最广泛的区块链底层技术方案。这是最早由 IBM 和 DAH 发起的。

超级账本社区目前拥有超过 140 家的全球知名企业和机构会员，其中 1/4 来自中国的本土企业，如万达、华为、艾亿数融科技公司等。IBM 担任主要责任，负责中国会员和中国需求的提供以及推进代码。

从 2014 年开始，IBM 就开始了在区块链项目的研究工作，那时他们已经组建了拥有 1500 名员工的专门部门。

IBM 构建的区块链技术跟一般的区块链技术是不同的，他们开发了一个全新的共识算法，在这种算法里面需要既保证隐私保护，又保证可审性。因为企业与合作伙伴之间需要的不仅是高效地分享数据和信息，还要保证这些信息在必要的时候还能保密。

如果说比特币为代表的数字货币给区块链技术的应用提供了原型，以太坊为代表的智能合同平台给区块链技术的功能加以延伸，那么进一步引入权限控制和安全保障的超级账本则打开了区块链技术的全新领域。

是超级账本将区块链技术首次引到了分布式联盟账本的应用场景，这为以后区块链技术的高效率商业网络打下了坚实的基础。

超级账本的出现，让区块链技术不再局限于单一的应用场景，也不再局限于完全开放的公有链模式下，而是说明区块链技术已经得到了主流企业市场认可并在实践中采用。

在超级账本项目中，提出和解决了许多创新的设计和理念，包括那些完备的权限和审查管理、细粒度的隐私保护以及可插拔、可扩展的实现框架等，这些将会对区块链相关技术和产业的发展产生深远的影响。

除了开源区块链技术，IBM 还参与区块链服务这个全新的市场。IBM 的"区块链即服务"属于公共云服务，客户可基于此开发安全的区块链网络。

在食物链的安全供应上，IBM 已经与沃尔玛达成合作，它们共同组建了一个食品供应链。

如果爆发了食品的安全问题，可以随时追踪农产品，从而促进安全。之前爆发食品安全的时候，常常需要几周的时间相关人员才能追溯到问题的源头。

同样的问题发生在一个完全连接的区块链的供应系统中的话，操作人员只需要两秒钟，就能轻松找到问题爆发的源头了。为了让这个目标得以实现，需要竞争对手之间进一步合作并共享物流信息。

在数字身份证上，IBM 正在与加拿大的 Secure Key 合作，该公司拥有一个由所有主要银行、加拿大政府和 Rogers Communications 组成的网络，这个网络能够验证数字身份。

Secure Key 是一个三盲系统，它可以让你拥有自己身份的所有权。假如有一个交易的确认，必须要访问你的身份才能进行，他们只有通过请求您的特定信息才能进行交易。

举个例子来说，你想进一个酒吧，而门口的保镖必须要核实你的年龄，如果出示驾驶证的话，则会泄露出很多酒吧不需要的信息。而我们通过使用区块链，则可以在不提供更多信息的前提下只出示出生日期这一信息。

相对于其他交易来说，你只需要提供交易所需的特定信息，而不必要提供其他的不相关信息。所以从本质上来讲，你自己的身份只能由你来掌握。

为了拓展区块链场景，IBM 正在推进分布式识别技术。2018 年 IBM 将提供硬件、安全防护、网络等手段来全方位构建数字化能力。作为一种全新的信任机制，区块链让个人和组织都可以直接建立联系，人们在安全的环境下共享私人信息和凭证。

2017 年，因为没有完备的保护机制，导致曾有 29 亿多人的身份信息被泄露，而 IBM 提供的分布式账本技术，能够通过加密签名凭证来进行安全交易，而且还能证明所有者的数字身份。这样的防御措施是十分必要的。

目前 IBM 已经推出了一整套企业级区块链的构架、技术、产品和服务。在全球已经拥有至少 400 家与区块链相关的客户。在这些客户中，有 63 家与 IBM 进行了特定的主题合作，其中不乏雀巢、Visa、沃尔玛和汇丰银行这样的全球知名企业。

从最近大量机构、企业在区块链领域间展开的合作新闻中，我们可以看到很多都会有 IBM 的身影。IBM 的区块链已经涉足到了溯源、云服务、金融、对外贸易、医疗健康等领域，基本上是全面开花。

现在很多企业都积极开发区块链技术，但是 IBM 已经以技术供应商的身份捷足先登了。它将 60 个数据中心出租给全球其他的公司，开放旗下部分区块链应用的源代码，并且允许初创公司在其云端免费试用区块链服务。

随着 IBM、微软等大公司对区块链技术的继续推动，越来越多的消费者和企业都将接触这种技术，并体会到区块链技术带来的直接影响，这让区块链从理论快速走向实践。那时像区块链这样的先进技术，将重新定义诸如 IBM 这样的技术公司。

微软的"Azure 区块链及服务"计划

面对这次区块链的浪潮，微软没有像过去那样犹豫，而是快速地进入这个领域。早在 2014 年，微软以比特币为切入点接触到虚拟金融业，把比特币作为旗下的软件商店、Windows、Windows Phone 及 Xbox 等平台的支付选项之一。可以说微软是全球第一家进军 Block Chain 技术领域的IT 企业，也是 R3 区块链联盟的首选区块链开发技术的提供商。

2015 年 11 月微软首次推出 Azure 区块链及服务，计划将区块链引入 Azure，并且用 Azure 云服务的金融行业为客户提供区块链服务，让客户自己迅速创建私有、公有及混合的"区块链"环境。这对于使用不同区块链技术进行创新的客户来说是非常有价值的。

后来微软开始与以太坊等相关知名企业进行合作。2016年微软的 Azure 区块链平台增加了新的合作伙伴，包括 ConsenSys、瑞波（Ripple）、Eris Industries、CoinPrism、BitPay、LibraTax 和 Emercoin 等等。

这些合作伙伴既有知名区块链技术企业，也有一些初创区块链小公司，Azure 平台的开放和勇猛态度引来了更多的区块链参与者。微软正在成为基于区块链技术的新兴技术解决方案市场中的举足轻重的角色。

微软 Azure 覆盖了全球范围内 24 个地区，它的混合云能力、广泛的合规认证组合，还有采用了区块链技术的企业级安全服务，哪怕在监管很严的金融服务、医疗保健和政府部门都取得了不错的口碑。

2016 年 6 月，微软宣布启动了一项被称为 Bletchley 的计划，这个计划解决了早期跨行业区块链使用者常见的诸多问题。微软称之为"开放的、模块化的区块链组件"。

在 Bletchley 计划中，Azure 帮助企业财团建设区块链生态系统体系结构，并且开放一系列区块链协议，支持像超级账本、以太坊这样的协议，并不断增加支持更多的协议。

接着，微软继续扩展 Bletchley 的架构，发布了 Bletchley v1 版本，这是为私人开发或者测试创建多样化分布式账本的生态系统，也是第一个联盟区块链模板的发布版本，它专注于私有多节点联盟网络的需求。Bletchley v1 的发布，激发了新合作伙伴对其区块链解决方案的兴趣。

2017 年 5 月，微软宣布了一个新的框架，用以在 Azure 云平台上加速已通过企业概念验证的区块链部署。其目的是简化嵌入式概念验证的过程。据微软表示，框架需要原型区块链网络，相关的应用程序编程接口以及散列服务和签名服务来支持测试。

在微软公司区块链的战略中，Azure 云服务是核心之一，同时也是该框架的核心。该框架可以让客户和合作伙伴只专注于创建真正创新的应用程序，将区块链的潜力发挥出来，在整合任务上可以节约时间和资源，从而使基础概念验证正常运行。

开始时，微软侧重于在 Azure 中提供开发测试环境这样的简单拓扑。并且与 R3、以太坊、Chain 和 BlockApps 等建立了伙伴关系。现在，微软根据用户的反馈和对更高级的场景的需求，扩展服务，增添对更复杂拓扑的支持。

2017 年 8 月，微软推出了企业级开源区块链 Coco 框架，这个平台用于构建符合企业标准的、机密的、大规模区块链网络。企业开发人员借助 Coco 框架，可以快速推出大规模的分布式账本技术，利用这种技术可提防篡改历史记录、分布式治理和更高的机密性。

这一框架能够帮助银行、保险公司和制造商等，用以太坊等建立共享数字账本及自动化智能合同，并解决商业普及过程中的隐私性、速度和管理问题。Coco 框架中的节点间运算，无须验证结果，为非确定性的计算提供了支持，让交易可根据应用的需要和外界系统进行交互，丰富了应用的语义和场景。

微软现在已经加入了 IC3（也就是密码货币和合约倡议），目的是利用区块链技术转变未来的金融机构，使其工作更加灵活、透明、有效、安全。

2017 年 10 月，微软的 Azure 政府功能上线。推出

"Azure 政府机密"服务，目的是让政府机构更好地访问云计算。微软除了提供这种新服务，还把自己区块链供应的大门打开，让当前的"政府云"客户能够访问微软 Azure 区块链即服务（Baas）产品。

近年来，虽然微软云服务的私人用户可以随心使用这些工具，但因为美国政府对安全的严格要求，政府机构不能使用这些工具。微软现在有六个数据中心已被"隔离"出来，这些"政府机密"平台只面对美国政府机构开放。

2018 年 2 月，微软在官方博客中公布，它旗下的微软身份验证应用程序，里面应用了区块链的去中心化 ID 验证技术。如果用户同意，微软的这个身份验证器，可以自动充当用户代理，来管理用户可识别的数据和加密密钥。在 2016 年，微软公司就已经推出使用了这个程序，已经经过数百万人的检验，是值得信赖的。

从 2017 年开始，一些国家的政府机构，也已经考虑整合区块链技术用到身份管理系统中，一些数据验证服务也会从企业或政府逐渐转移到单个公民的身上。

区块链技术从一个概念、一个设计，到最终成型是非常复杂的。作为行业探索者，大多时候缺少外围的必要支持，怎么利用区块链改善生产关系也是异常的艰辛。正如微软（中国）有限公司 CTO 黎江所说："如何去利用平台观念，如何去利用区块链的多边市场，怎样才能发挥它的零知识成本、长尾效应，把诸多使用方、提供方放到区块链上，这是非常重要的，而解决这一点问题并不是区块链本质。"

微软的区块链实际上是整个区块链的生态系统，在这上面，给各种各样的区块链提供解决方案。

黎江说："微软在 Azure 上面帮助了很多区块链创业企业。Azure 不仅支持区块链自身创业企业，还支持开源社区、数据库、应用框架，包括一些前端开发管理等等。因为区块链的开发，不仅仅只是区块链本身，还包括 UI、前端开发、链上链下等项目，特别是链下的很多证明，并且区块链还需沉淀数据，链下也要沉淀数据。怎么挖掘那些有用的数据、怎样做大数据平台，除了需要区块链公司努力以外，实际上还需要很多系统来支持。因此微软呈现的是在云上支撑区块链，把区块链与互联网 + 完美结合起来。利用云计算、大数据等来丰富区块链，而不是把区块链放在传统框架里去做，这样无法发挥出区块链的网络效应。"

区块链只是一个起点，更重要的是要通过区块链建立一个平台和生态链。对于微软这样的巨头企业，我们期待它在区块链这个新兴技术领域持续创新，引领行业发展。

《腾讯区块链方案白皮书》发布

1969 年，美军在 ARPA（阿帕网，美国国防部研究计划署）的协定下，将美国互联网西南部的大学的四台主要计算机链接起来后，互联网就孕育而生，开启了全球联网的征程。1989 年，伯纳斯 – 李撰写了一篇《关于信息化管理的建议》的论文，至此互联网应用实现了全球大爆发。2009 年，在区块链技术支持下的比特币，打破了传统纸币的"黑暗"盒子，让人们感觉互联网的又一次巨变将要来临。

区块链引发了全世界的关注，很多国家迅速参与了这场科技的竞赛。中国紧紧抓住了这次的机遇：2016 年底，"区块链"被首次写进了《"十三五"国家信息化规划》中，2017 年初，在央行的推动下，基于区块链的数字票据交易平台也测试成功。

作为中国互联网巨头之一的腾讯，一直对区块链保持着高度的关注，并且也一直在积极探索之中。2017 年 4 月腾讯正式发布了区块链方案的白皮书，旨在为行业伙伴提供企业级区块链基础设施，行业解决方案，以及安全、可靠、灵活的区块链云服务，从而有效降低企业的综合运营成本，提高运营效率。

　　这份区块链技术的白皮书由腾讯 FiT、腾讯研究院、腾讯公共战略委员会办公室、腾讯战略发展部联合编制。在白皮书中，腾讯公司给出了"腾讯区块链"的解决方案。这方案底层完全是腾讯公司自主研发的，拥有很多项核心专利。与国外区块链技术的引进，腾讯区块链方案在实际的应用中更加的安全可控。

　　腾讯区块链的理念是"开放分享"，在搭建区块链基础设施的同时，开放内部能力，实现与全国企业的共享，共同推动可信互联网的发展，打造区块链的共赢生态。

　　在白皮书中，腾讯阐述了其可信区块链方案的整体架构可以分为三个层次：

　　1. 腾讯区块链的底层平台是自主研发的 Trust SQI 平台。在底层平台上通过接口为上层应用场景提供区块链基础服务，该平台的核心定位是打造业内领先的企业级区块链基础平台。在这个平台中包括用户管理、基础服务、智能合约和运营监控等功能。

　　2. 中间平台是平台产品服务层 Trust Platform 平台。在这个平台抽象了各类经典的区块链应用，提供一些典型应用的基本能力和实现框架，帮助用户把已有的业务快速搬迁到区块链上。这一平台包括共享账本、鉴证服务、共享经济、数字资产等多种功能。

3.最上面的是应用服务层（Trust Application），这是最终向用户提供可信、安全、快捷的区块链应用。在这一层中，腾讯尽力为其海量的用户提供各类区块链场景的服务，包括数字票据、贵金属交易、知识产权保护、网络互助、机构清结算、公益等，为用户提供可信、安全、便捷的区块链服务。

多年来，腾讯在支付与金融、社交、媒体等多个领域已经积累了丰富的行业与技术经验，并且在高发的交易处理这方面上也遥遥领先，所以它的区块链技术有着自己的优势。

优势一，高性能。

如今每年春节抢微信红包，都成了春节期间的重要事情了，据统计，2017年春节红包期间，腾讯每秒处理超过20万次的并发交易。这样的情况锻炼了腾讯丰富的高发处理经验。

腾讯提供了高效自适应共识算法。我们知道在企业级区块链的解决方案中，单个区块链的并发处理能力受到共识算法的影响。腾讯区块链提供的自适应的区块链共识算法，能保证联盟链在绝大部分时间内高效的并发处理的同时，还能精准处理节点错误的问题。

腾讯区块链让交易得到快速确认。因为腾讯区块链对交易确认过程中的其他环节，比如签名算法、账本存储方式等进行了技术优化，实现了秒级确认交易，让交易快速确认。

腾讯区块链技术，在存储方式上支持本地数据库存储、文件系统存储以及云存储等多种存储方式。并且本地存储还实现了冷热分离，数据库存储又使用分库分表的模式，云存储支持按照云的集群规则扩展，这样的存储方式，让腾讯区块链的存储达到了海量的存储。

优势二，高安全性。

腾讯公司在其区块链安全方面也做足了文章，为用户提供了丰富的权限策略、安全的密钥管理体系和用户隐私保密方案，为用户的安全保驾护航。它们通过非对称加密的数字签名，来保证业务请求在传输的过程中无法被篡改，并且通过共识机制，来保证每个节点上的数据保持存储一致。对于已经存储的数据记录，则通过每个节点内的自校验性和准实时，进行多个节点数据校验来保证已经存储的数据记录不能被修改。

优势三，高速接入。

腾讯区块链技术为了实现业务的高效对接，在用户业务开发方式、部署方式以及安全性上面做了大量的兼容性设计，其丰富的应用开发框架和灵活的部署方式，可以实现各种场景，各种习惯的用户都能以较低的代价快速对接到区块链上面来。

优势四，高效运营。

腾讯区块链通过可视化的服务交付和可视化的服务度量，提供了全面、实时、可视化的运维管理系统，快速识别系统状态，满足多个层级的运营管理需求。从代码编译、测试、灰度环境验收到正式环境部署，让整个服务交付的流程透明可视。

腾讯董事会主席马化腾说，区块链技术目前还处在早期阶段，对于腾讯区块链的落地，他们的方法就是"圈住核心场景，做深做透，验证它"。

　　从 2018 年初腾讯公布的关于区块链的数据来看，已经有了一部分的落地应用场景：像腾讯微黄金在区块链上，已经有了超过 4000 万条交易的记录；公益寻人平台上，累积有超过 300 个寻人案例；在法务存证平台上，已经有了对接多家银行的几万条存证。

　　在落地医疗领域方面，目前已经跟广西柳州合作，通过腾讯区块链技术实现电子处方不被篡改。他们将尝试在微信挂号、支付等功能的基础上，实现医院内开处方，医院外购药，甚至还有送药上门等服务。

　　此外，腾讯区块链还在供应链、金融、物流信息等领域进行了很多深入场景化的探索。相信随着区块链的应用不断扩大，腾讯区块链将会与更多的公司一起携手打造区块链的共赢生态。

阿里巴巴：蚂蚁上"链"

在人们还在热衷于数字货币的时候，支付宝已经上线了利用区块链技术的"爱心捐赠"项目。在这里我们的每一分捐款到底用在了什么上面，都能透明可见，在这上面捐款，再也不用担心善款被贪污挪动。区块链技术正在改变传统的公益生态，让公益资金流向全程记录公开透明，不可篡改，从而实现阳光账本。网络募捐平台的便捷和流量，让公益迅速平民化，让公益每个人都能随手做到。

引入区块链技术的蚂蚁金服下的支付宝爱心捐赠平台，是面向公益机构开放的，那些签约机构经过审核后，可以在平台上自助发布公益项目。每一个捐款的人，能通过该平台知道自己的钱到底捐给了谁，用在了什么地方。让每一分捐款都透明可见，都有迹可循，很好地解决了捐款公示"最后一公里"的问题。

这个爱心捐赠平台的区块链技术，是由蚂蚁金服自主设计和研发的。它吸收了蚂蚁金服和阿里集团过去十多年，在支付、电商、云计算等多领域的技术经验，最终形成了性能高、成本低，并且达到了金融级别的稳定性。

蚂蚁金服架构师赵尊奎在采访时说："蚂蚁的区块链技术正在不断完善升级。蚂蚁正在建设一个开放的'信任链'。在这个链上能提供可信的数据库、可信的资金交易、可信的资产交易、可信的链接服务，也可以提供可信的公益服务。"

2016年7月，蚂蚁金服首次将区块链技术应用于爱心捐赠平台，后来又延伸到互助保险的应用。

2016年10月，阿里与微软、小蚁、法大大等合作开发"法链"项目，并且推出了基于阿里云平台的邮箱存证产品，我们可以在法链上备份电子邮件和云服务，阿里将使中国法院可以实现大规模地采用数字证据邮件。

2017年3月，阿里与普华永道展开合作，宣布利用区块链技术打造一个透明、可追溯源头的跨境食品供应链，搭建出一个更为安全的食品市场。

2017年8月，阿里健康与江苏常州市合作，推出我国第一个基于医疗场景的区块链应用——"医联体 + 区块链"试点项目。

2017年10月，蚂蚁金服宣布开放区块链技术，支持进口食品安全溯源、商品正品溯源等项目。第一个落地应用将是对海外奶粉品牌的追踪，第一批是产自澳洲、新西兰的26个品牌的奶粉。

2017年11月，天猫国际也宣布升级全球原产地溯源计划，这个计划包括对全球63个国家和地区，3700个品类，14500

个海外品牌进行溯源。并且向全行业开放，赋能整个行业。

2017 年 11 月，阿里巴巴集团、蚂蚁金服集团与雄安新区签署了战略合作协议，阿里巴巴与蚂蚁金服将承建数字雄安区块链实施平台。

阿里副总裁胡晓明说：区块链将给人类社会带来翻天覆地的改变，现在，这个改变才刚刚开始。从已经发生的事情中，我们能看出，蚂蚁的区块链技术已经给我们的生活带来了多方面的改变，让以前觉得根本不可能做到的事情，可以轻松实现。

关于蚂蚁的"链"，我们来看看蚂蚁金服的首席架构师贝拉是怎么看的。

1.蚂蚁区块链是个信任链接器。如果你在蚂蚁平台上看到一些带有区块链 logo 的项目，那么就说明该项目底层平台是用区块链来实现的。

这意味着什么呢？首先，意味着，这个项目的资金划拨、资金全流程上链，你可以像查看包裹的进度一样去查看资金的进度；其次，如果把用户的资金转为保险，比如为贫困孩子转的保险，这表示这部分资金不仅上了链，而且在链上做了一笔资产的转换，也就是转换成了保险资产。那么这个保险资产以后的运行情况，比如有没有赔付、它的运行状况怎样，都可以在链上进行公示。

蚂蚁区块链能给客户带来温暖，带来信任，因为它带来的是捐款人和受益人之间真实的链接。并且那些受益人在收到善款后，给捐款人的反馈也可以看到、听到。这样的改变，让公益充满了阳光般的温暖，这个改变非常有意义。区块链技术给传统的产品带来了一种新的改变和味道。

2. 蚂蚁区块链的治理能力。在蚂蚁区块链平台上，我们可以把所有的资金信息、项目信息、会员信息都共享到区块链当中。这一举动除了涉及存证能力，还需要治理能力。

把监管机构、媒体和会员都引入蚂蚁区块链中，让他们也都参与到平台之中。之前蚂蚁金服的区块链 1.0 主要是围绕蚂蚁本身进行的，但是升级后的区块链 2.0，就是一个开放的平台。

这个新的平台完全是自运作的，公益机构可以自行运作和管理这些项目。通过这些参与方、监管机构、媒体及愿意参与的会员，他们可以对蚂蚁链上的数据的真实性进行考证。可以说是其业务模式已经是去中心化、自行运作的。

3. 区块链平台的选型标准。很多企业看到了区块链技术带来的好处，也希望使用这个新的技术，来改变现有的商业模式。不过在选择哪个平台之前，先要考虑自己行业的痛点；自己的平台可以提供的核心能力；项目的可行性。想清楚了再去选择合适的平台。

4. 区块链大规模商用的挑战。区块链的核心在于用技术创造多方面信任机制，世界全部数字化后，参与各方如何信任这些数据，是一个极大的挑战。数字世界可以复制、修改，如何保证数字世界和物理世界一样真实有很大的挑战。

在安全方面：算法安全、系统安全、协议安全等都会存在被攻击的可能，而去中心化的商业模式下，将会没有中心化的兜底方来承担责任。

在信息保护方面，一些敏感信息和商业机密的信息是不想让别人知道的，而区块链的多方参与共识也就是让更多人知道，这两者之间需要找到有效的技术解决方案。

在交易性能方面，区块链需要有多方共识机制，但是多方共识的交易效率较低，特别是随着节点数目增加，效率将明显下降。

最后需要一个有效的激励机制，这样才能解决链上多方的利益协同和分配等问题。

在中国发展高层论坛 2018 年会上，蚂蚁金服 CEO 井贤栋表示，在区块链大规模商用上，蚂蚁区块链已经取得了三大方向的突破：

通过共识算法的创新，实现了每秒数万笔的大规模交易处理的能力；通过数字加密等技术，实现了从全面保护信息的安全，做到信息既透明可信，又能保证个人隐私；可能未来会出现不同的区块链，蚂蚁区块链突破了不同区块链之间的价值转移和数据交换的难题。

经过多年的研发和探索，目前蚂蚁区块链在技术及应用上有丰厚的储备。截止到 2018 年 2 月，在 IPRdaily 发布的《2017 全球区块链企业专利排行榜》上，阿里巴巴区块链专利申请数量在全球企业中排名第一，全部来自蚂蚁金服。

百度战略投资 Circle

　　错过了 O2O 领域的百度，在全球区块链热潮来临时，也选择了积极介入。

　　2016 年 6 月，投资了美国的全球性区块链技术支付公司 Circle。不要小看了 Circle，这不是一家简单的创业公司，它在 C 轮融资中，得到了高盛和 IDG 资本的入股。D 轮融资，IDG 继续领投，并且百度、中金、宜信、光大等中国企业也参与跟投。

　　在这个合作阵营中既有传统金融机构，又有互联网金融新贵，无论从技术背景还是战略格局，Circle 与百度的气质是非常契合的。

　　曾经百度是中国互联网市值 No.1，与阿里、腾讯是并驾齐驱，只是百度错过了互联网金融的红利，导致了它的市值已经很难与阿里和腾讯相提并论。

　　从用户体验来看，阿里的支付宝，腾讯的微信几乎是大众手机中必不可少的 APP，但是百度的移动客户端则很难有这么多的用户，百度钱包的用户数量和市场份额，都远远落后于支付宝和微信支付。直到现在百度也拿不出类似余额宝、微信支付这样能在短时间内爆发的好产品。

2016 年，百度金融被提到战略地位。在这种情况下，百度希望能够借助 Circle 增加用户群，完成对金融领域的区块链布局。Circle 基于区块链技术的跨境转账功能是支付宝和微信支付所不具备的。

我们知道支付是贯通金融体系的基础设施，如果支付方式发生了改变，那么将会给整个金融体系带来变革。Circle 是一家支付应用公司，并且是基于区块链技术做社交支付，这种支付应用是一种面向未来金融形态的革命性支付方式，对未来互联网支付的升级有着启示意义。

Circle 的社交支付与百度钱包、微信支付、支付宝等支付工具都有所不同，它的手机软件用户，不需要缴纳手续费，就能用类似发送短信和社交媒体的体验来随时收款付款。Circle 代表着引领未来的创新型支付方式之一。

百度金融正是看到了这种未来，所以重视移动支付环节，通过对支付场景的拓展与深挖，进行提前布局。未来的支付升级，对百度整个生态体系的带动提升都是很现实的。目前，Circle 在美国和欧洲都取得了支付业务的许可牌照，但是进入中国尚需时日，所以与百度自身的金融业务的互动结果还有待观察。不过百度这种前瞻性的布局，可能会给百度过去布局失利的后遗症带来改观。

从百度的这次布局中，可以看出百度对技术创新的倚重。

目前百度在金融领域的布局，已经实现了对理财、信贷、银行、保险的全面覆盖。百度也在积极推进消费金融，尤其是信贷领域的发展，从长远来看，这些领域都有区块链技术的用武之地。

对于百度金融的布局，短期内的成长依赖于商业模式、金融产品的初步创新；但是从长远来看，突破性技术革新才是百度金融的推动，那会更加具有穿透力和颠覆性。目前，百度的大数据、人工智能都在慢慢渗入百度的金融体系，目前只是百度金融生态进化的开始。

虽然过去比特币等数字货币引起了区块链技术的热潮，但是在整个互联网金融行业，喧嚣之后，还是要回归到技术上面。可以想象，在未来，百度在金融领域的发展，肯定会受益于现在对技术、人才等方面的专业化的生态布局。

2017年5月，百度金融与佰仟租赁、华能信托等合作方共同发行了区块链技术支持的 ABS 项目。

2017年7月，百度推出了基于区块链技术的开放平台"BaaS"，现在该平台已经支撑了超过 500 亿元资产的真实性问题。

2017年9月，"百度—长安新生—天风 2017 年第一期资产支持专项计划"在上海证券交易所发行，这是我国首单应用区块链技术的交易所 ABS。在这个项目中，主要使用了区块链的去中心化存储、非对称密钥、共识算法等技术，让该项目具有去中介信任、防篡改、交易可追溯等特性。在实践中，百度金融对区块链技术做了适应性改造。

2017年10月，百度金融正式加入Linux基金会旗下Hyperledger"超级账本"开源项目，成为继埃森哲、Airbus、美国运通、戴姆勒、IBM、英特尔、摩根大通等领域巨头之后的又一核心董事会成员。

2018年2月，百度上线了一款基于区块链技术的虚拟宠物游戏——莱茨狗。

2018年4月，继区块链宠物莱茨狗之后，百度又发布区块链原创图片服务平台"图腾"。图腾采用了百度自研区块链版权登记网络，配合可信的时间戳、链戳双重认证，让每张原创图片生成带有版权的DNA，通过这个技术，可真正实现原创作品可溯源。这项技术，可以为用户免费提供确权、监控、维权的一站式服务，可对原创作品进行网络侵权监测，重构行业秩序。当前已经与视觉中国、壹图等五家图片机构展开了合作。

当前，移动互联网的红利时期已经过去，而区块链技术的出现，给人们跳出传统思维和互联网思维的定式提供了机会。从2017年来看，跟BAT的其他两个巨头相比，百度已经有些落后，随着不少后起之秀的迅速崛起，百度将面临被取代的危险。

经历过O2O领域惨痛的失败教训，百度明白了把握机会乘势而上的重要性。所以，在各大互联网巨头都加快布局区块链时，百度也在进一步推动区块链技术与其业务的深度结合，比如无人车、AI 系统、搜索体系、知识体系、物联网等。

百度董事长兼首席执行官李彦宏说，百度下一个规模盈利业务或会来自金融业务。百度副总裁张旭阳曾说："区块链技术领域的研究和探索是一项长期战略性投入。我们希望利用百度强大的技术场景优势，赋能百度金融消费生态，在继续加速区块链技术应用落地的同时，为更多合作伙伴输出区块链技术解决方案，实现合作共赢。"

随着区块链越来越热，有越来越多的企业开始进入这个市场，竞争将会愈发激烈。在国家监管趋严的大环境下，区块链也开始慢慢回归理性，未来拼的将会是技术。将来，百度能否经受住市场的检验，重新回归其互联网大佬时代，我们充满了期待。

第八章

区块链时代的未来展望

区块链技术面对的"四大挑战"

这几年区块链正在全球范围内蓬勃地发展，区块链技术也受到越来越多行业的青睐，但是在火爆的热潮下，我们应该保持一份理性和冷静，因为区块链尚处在萌芽状态，在发展中还存在安全风险、标准不统一、衍生市场混乱以及难以监管"四大挑战"，只有解决了这四个问题，才能保证区块链行业的健康发展。

挑战一，不可忽视的安全风险。

从技术角度上来看，区块链具备一整套的技术体系，并非某一项单一的技术，其目的就是希望能够在缺乏信任的环境下实现可信的数据记录多方同步。区块链的价值在于，没有任何一个中心可以控制这个系统，数据一旦产生便不可更改，这一特性将产生强大的信任，在这个信任的基础上，我们可以构建全新的商业模式。

在区块链的应用范围不断扩大的同时，区块链自身也在不断地进行技术革命。众多的区块链应用为了适应特定行业的需求，开始提高自己的效率，于是对底层结构和算法进行了大量的改变，安全风险也随之而来。

2014 年，blockchain·info 爆出随机数问题；2016 年，最大众筹（1.5 亿美元）项目 The DAO 被攻击，当时损失了6000 多万美元数字货币；2016 年，以太坊的复制品 Krypton 受到了 51% 算力的攻击，致使 Bittrex 的钱包中 21465 个 KR 被盗，价值大约 3000 美金。

这些问题的爆出，给持续升温的区块链市场敲响了警钟，让人们不得不正视区块链技术的安全风险。人们不禁要问，区块链真的能完全实现去中心化吗？因为智能合约的代码漏洞，让 The DAO 被黑客攻击，并盗走价值 6000 多万美元的数字货币。

在挽回损失的过程中，去中心化机制不能解决问题，因为只要智能合约的代码发布出去后，就无法更改，想要追回损失，只能通过"集中式"的方式，才能解决这个问题。这样的事件让人们不得不对区块链的"去中心化"进行反思。

我们知道如果想要修改区块链的账本，需要超过全网算力总和的 51% 才行。目前为了让矿工的收入稳定，矿工们可以组成矿池。而矿池会把分散的算力集中起来统一管理，随着矿池规模的不断扩大，当算力总和达到 51% 时，从理论上说就可以控制区块链的记账权，可以修改账本，可以阻止他人挖矿，从而威胁系统的整个安全。

目前区块链引入了随机数生成算法、哈希算法、数字签名算法等，这些密码算法并非绝对安全的算法，算法本身存在的漏洞和后门，对区块链系统的安全影响是无法预估的。随着密码分析技术的进入和人类计算能力的提高，很多密码算法都将出现漏洞。2016 年，发现了 NIST，在标准随机数发生器算法中内置有后门。此外零知识证明、承诺协议、安全多发计算等密码协议的引入，让协议安全也成为区块链中的一个风险点。

经研究，瑞士苏黎世联邦理工学院和德国 NEC 欧洲实验室的学者们发现，通过对比特币各种数据的挖掘、分析，即使采用了隐私保护措施，仍然有 40% 的比特币用户的身份信息可以被识别出来。虽然对政府监管机构来说，可以利用这点来发现洗黑钱和行贿等犯罪行为，但是从用户的隐私角度来说，用户的隐私无法保证。在当前的大数据时代，各行各业开始使用区块链技术时，怎样保护用户的隐私安全，将是研究的主要问题之一。

目前比特币用户需要自己保管私有密钥，一旦密钥丢失，用户无法拿走自己账号里的比特币。目前人们可以通过在线钱包、冷钱包、硬件存储、门限秘密共享存储、纸质媒介、人类记忆等方式来保护自己的密钥。

在线钱包，就是把密钥托管给一个可信的机构，这与区块链的去中心化相违背；虽然硬件存储会存在硬件丢失或者遭到破坏的风险；纸质存储可以放进保险柜，但是不适合频繁交易的账户。安全便利的"钱包"保护机制非常重要。

挑战二，还没有建立统一的标准。

目前业界对于区块链到底是什么，还没有形成一个统一、清晰、明确的概念。因为没有清晰统一的概念，也没有权威机构来对区块链产品进行监管，这将导致市场上的区块链应用"鱼龙混杂"，无法有效地评价产品的质量。这时我们急需建立一套统一的区块链标准规范，来界定区块链的内涵和外延，引导区块链市场的健康发展。

但是目前区块链技术还在不断创新变化中，它的落地应用场景也是在不断探索之中，如果这时太早就标准化，又会限制区块链技术的创新和区块链行业的发展。为了适应当前特殊时期的发展需求，应该从满足用户的真正需求的角度出发，用这个标准来测试某个区块链系统的好坏。

挑战三，衍生市场混乱。

比特币的火热，引起了人们对区块链技术的热捧，区块链的热潮，让一些不法分子看到了机会，他们利用区块链技术进行欺诈。目前市场上出现了很多打着区块链技术旗号进行传销、诈骗、非法集资的事件。这样的恶性事件除了给广大投资者带来经济损失，还让人们对区块链技术产生了误解，阻碍了区块链行业的正常有序的发展。

不过2017年9月，中国人民银行、中央网信办、工信部、工商总局、银监会、证监会和保监会联合发布了《关于防范代币发行融资风险的公告》，及时地把区块链技术和金融活动区分开来，并为区块链技术发展指明了方向。

挑战四，监管难度大。

因为区块链技术采用"去中心化"的技术设计，这虽然有效避免了传统中心化经济系统中的许多问题，但是"去中心化"也意味着监管的主体不明确，很难对主体进行有效的控制。如果出现安全事件，无法采取有效的解决方案。

但是如何监管，目前尚无定论。我国区块链行业目前仍然面临着法律上的问题，想要获得法律上的地位还有很长一段路要走，在这之前需要行业的自律，行业自己发动起来，制定标准。

中国人民大学大数据区块链与监管科技实验室主任杨东说："区块链可以创新监管方式，通过区块链可以改造和提升政府的监管能力。如果政府的监管能力提高了，他们就能清楚地知道什么是好的创新，什么是坏的创新，在创新面前就会更加包容。区块链＋监管是发展的必然趋势。"

为了保证我国区块链行业的健康发展，让我国在这次全球共同参与的区块链技术的竞争中处于领先地位，相关政府部门应该尽快开展以下几点工作：一、推动区块链行业标准化测试体系的建设；二、积极鼓励开源区块链技术的发展；三、积极培养区块链的人才；四、加强区块链的监管和安全技术的研究和实践。

区块链经济的七大设计原则

2008 年中本聪打开了区块链的大门，一些有识之士开始投入区块链的开发和应用中。根据开发过程中众人的见解，这里总结提炼出了区块链在软件创建、服务、商业模式、市场及政府事务方面的七大设计原则，来帮助大家更好地理解区块链技术及应用的基本原理。

第一个原则：网络化诚信。

在互联网上，因为金钱在本质上与其他信息产品或者知识产权是不一样的，所以一直无法直接进行交换。为了解决金钱在线支付的双重支付这个问题，传统的做法是借助于第三方的中央数据库对每一笔交易进行清算，比如银行、支付宝等第三方支付平台。

而区块链技术采用一套共识机制，解决了多重支付的问题，把信任做到交易流程的每一个环节，它是分布式的，并且不能更改，不依赖于任何一方。通过区块链技术，让诚信价值观以编码的形式体现，这样交易的双方可直接进行价值交换，并且大家都必须以诚信的方式行事，否则需要耗费更多的时间、金钱、能量和声誉。

我们用比特币的例子来说明，它们是怎样取得共识的。为了使用户能够达成共识，比特币网络采用了一种特殊的机制，那就是"工作量证明"。其基本原理是：由第一个正确找到哈希值的"矿工"来创建这个区块，记录交易。因为共识机制的存在，让区块链上的交易记录都真实可信，保障了交易的安全。

通过区块链技术，我们不再依靠大公司和机构来验证人们的身份，来为他人进行担保，我们可以直接信任网络，这一点是前所未有的。这一全新的信任机制，将会大大提高线上交易的应用范围，推动新型社会和组织的出现。

第二个原则：分布式发电。

现实中，互联网巨头们可以随意存储分析用户的数据，并且在用户不知情的情况下，用户的信息被随意买卖、修改。为了防止这类事情的发生，区块链通过点对点网络来分配电力，不进行单点控制，让任何参与者都无法关闭系统。即便某个个体或者团体的电源被切断，系统仍然能够运行。

只要下载一个开源的协议，无论是谁都可以参与区块链程序的运行，进行记账和共享数据库的活动。区块链无处不在，也不会有后门交易，每一个交易都会在全网广播，以供后续校验和验证。并且整个过程没有中心化的第三方参与，也不会在任何一个中心化服务器中存储数据。

这样的平台，将会提供一种新型财富分配的方式，可能会解决现在机构中的信任危机。

第三个原则：把价值作为激励。

在互联网中，一些大型网络公司，通过提供它们的服务，大肆收集用户的信息，通过深挖这些信息，来牟取巨额的利润，但是它们可怜的用户不仅无法得到自己信息的价值奖励，还要承担信息泄露后造成的损失。这样的结果也损害了数据的产生和传播。

而区块链技术，则是把所有利益相关者所获得的奖励都综合到一起，从而让参与到其工作的人都可以获得相应的奖励，在这样的情况下，参与者才能认真维护这个系统。在比特币的设计中，每一个参与记录交易的参与者或者"矿工"都能获得奖励，从而让参与者在符合自身利益的原则下行事。

在开源软件项目中，社区会给那些贡献合格代码的人，提供一定的补偿，当价值转换为激励之后，才能让区块链得到可持续性的发展。

第四个原则：安全性。

现在的互联网并没有很好地对用户的经济活动进行安全保护，导致数据泄露、身份窃取、黑客攻击、网络诈骗、垃圾信息等现象层出不穷。普通互联网用户只能依靠薄弱的密码环节来保护自己的网络安全。

因为缺少奖励机制，并且人们从不把隐私当作系统维护的动力，所以网络安全很失败。而区块链技术中，参与方使用公钥来搭建安全平台，并且共享协议，不会出现单点故障。它们不光保证了机密性，还让所有活动的真实性和不可更改性得到最大程度的保护。

最长的链也是最安全的链，在用物理学为基础的工作量证明机制下，交易是由最长的链条来记录的，这提高了攻击的难度，极大降低了被攻击的可能。

现在我们越来越依靠数字平台，这导致偷走我们钱包的人，可能不在身边而是在世界的另一端。常常在我们毫不知情的情况下，危险会不期而至。区块链的设计更加安全、透明，可以保护我们的数据。

第五个原则：隐私。

隐私权是人类的基本权利，也是自由社会的根基。在过去的互联网时代，在我们毫不知情的情况下，我们的隐私被个人或者机构收集。甚至一些政府都在进行不正当的监视。这种行径是非常恶劣的。

区块链是公开的，并且可以被匿名下载，这保证了用户身份的匿名。在区块链中，身份的识别及验证与交易是分开的，交易的记录是由工作量证明的机制来完成，在交易过程中不会提及任何人的身份。在交易中，参与方自己有权利决定将哪些身份信息，以哪种程度和方式透露给他人。

这样的话，参与者可以保持一定程度的匿名性，区块链上不会有大量的个人数据，就不大容易引起黑客的攻击。与互联网时代海量的数据库资料外泄相比，区块链对个人隐私保护的提升还是非常显著的。

区块链可以阻止监控情况的泛滥成灾，很多人可能没有意识到我们每天都在网上签订"浮士德契约"，没有意识到每天浏览网页时，就授权这些网页的所有者将这些数字的零散信息，绘制成了一个可以有商业用途的线路图。

随着数字化的进一步发展，我们的个人健康数据，日常生活数据，所有你能想到的事情都将被人窥视，想想真是太过可怕，幸好有区块链，可以让你保护自己的个人信息。

第六个原则：权利保护。

互联网成就新形式的艺术、新闻和娱乐的媒介，提高了版权创作的效率，但是却没有好好保护参与者的合法权利。我们可以在网上免费看到最新的电影，因为有人把电影的电子档上传到网上，供大家免费下载。在互联网上，无法执行合约权利并进行监督。

区块链中所有权是公开透明并且可溯源的，个人的权利能够得到保护。在区块链中，那些涉及多项权利、多方参与的复杂交易，都是由智能合约来执行。智能合约是含有特殊目的的一组代码，通过交易方手中的私钥进行签署，从而为特定交易方提供使用权或所有的转移。

在智能合约中，用户可以拥有一个自己的数字身份，并且可以去控制它。智能合约可以实现规定的自动化，可以自动支付股息，可以推动简化全球商品的转移，让资产流动性增加。

第七个原则：包容性或普惠性。

经济发展的最好状态是能兼顾到所有人。从互联网诞生到现在已经过去了40年，但是仍然还有20亿人没有开设银行账户，小额支付手续费还是很高，还是有很多没有资产的人无法取得贷款，普惠金融依然无法实现。

而区块链不需要参与者提供银行账户等信息，就可以参与交易，并且还大幅度降低了汇款等资金传输的成本，降低信用获取及投资的门槛，提高金融的普惠程度。

区块链技术维护了人类的基本权利，保护了我们的隐私和安全，保护了财产权、法律上的人权和参与到政府、文化和经济事务中的权利，让我们拥有能控制自己命运的权利。

成功人必备三要素：把看到的抛弃，做没有做到的，把容易的事情提升难度。

——华少

区块链与跨境支付

　　支付在国际贸易中处于核心环节，同时也是产生结算风险的关键点，因此交易的双方特别关注这一环节。目前世界各国银行，无论是中央银行还是商业金融机构，都在积极探索基于区块链支付技术的跨境支付和结算业务。

　　Circle International Financial（简称为 Circle）是一家开发数字货币的创业公司，它希望通过比特币背后的区块链技术，让各个国家之间的货币资金能够便捷地转移，并且降低费用。

　　在跨境支付方面，Circle 主要是依据区块链技术的支持，实现低成本兑换货币及跨国汇兑，目前可以支持美元、英镑和比特币的兑换；在社交支付方面，用户通过手机 APP，向好友分享图片、表情、GIF 动图的信息中就可完成支付；在费用方面，是免费的，用户可以在无手续费的情况下，实现转账、收付款。

　　目前，Circle 拥有纽约州颁发的首张数字货币许可证（Bit License），还有英国金融市场行为监管局（FCA）颁发的电子货币许可证。有了它们，Circle 公司可以让美国和英国消费者，通过比特币区块链来传输美元或者英镑。

Circle 推出的 C2C 跨境支付平台，现在已经在 150 个国家开展了服务，年交易金额达到 10 亿美元。

2017 年 3 月，招商银行通过区块链直联跨境支付应用技术，让南海控股有限公司通过永隆银行，成功地向它在香港的同名账户实现了跨境支付。这一事件标志着国内首个区块链跨境领域项目落地成功。

随着经济全球化的不断发展，世界各国之间的经济往来将会越来越多。大规模的国际贸易，一方面促进了各国经济的快速发展，让资源在全球范围内实现了优化配置；另一方面，大量的出口企业也出现了海外应收账款、坏账等问题。在国际贸易中，怎样通过跨境支付降低结算风险，节约支付成本，也是国际贸易的重要课题。

目前国际贸易的跨境支付大多是通过电汇完成。传统的电汇支付需要经过汇出银行、中央银行、代理银行、收款银行等多个机构的经手，才能到达对方的账户。这里的每一个机构都有自己的一套账务系统和清算系统，不同机构之间还需要建立代理关系。跨境支付的每一笔钱，不仅要记录在本银行中，还需要与交易方进行资金清算和对账。

这么多烦琐的过程，让跨境支付业务的速度非常慢，支付效率很低，中间的结算成本也高，还有很大的电汇风险存在着。这些风险不解决就会阻碍国际贸易的发展。现在我们来详细了解国际贸易中的电汇风险。

风险一：在货到付款的模式下，出口商可能会财、物两失。

如果是这种结算模式，出口商没有挑选信用等级高的进口商，把货物运输单提供给进口商后，出口商就失去了对货物的控制，因为前期没有收到货款，如果进口商收到货物却不付款，那么出口商就面临着失财又失物的困境。

这种支付模式，无法保证进口商做到真正付款，出口商将承担很大的风险。

风险二：在预付货款模式下，进口商付款后不能收到货物。

如果是这种结算模式，进口商将要承受较大的风险。在支付货款后，进口商担心出口商不发货或者不按照合约发货。

这种支付模式，如果进口商提前预付了货款，则无法约束出口商，进口商面临付款但收不到货物的风险。

其实电汇模式主要是基于交易双方之间的商业信用而展开的，无论挑选哪种支付方式，始终都会存在矛盾。为了解决这样的矛盾，人们必须要找到一个恰当的、可信任的机制。而利用区块链的分布式数据存储、点对点传输、信任共识算法、加密算法等信息技术，可以构建一套点对点、彼此信任的跨境支付结算系统，这个系统还能提高跨境支付的效率，提升跨境支付的安全，能够推动国际贸易的进一步发展。

现在我们来分析一下区块链技术的一些特征，看看这些特性能解决传统跨境支付存在的哪些问题。

一、利用去中心化降低信息不对称的风险。

我们知道区块链最大的优势之一就是"去中心化"，整个网络不需要中心化的第三方机构，每个节点的权利和义务都是均等的。系统中任何节点的损坏或者丢失，都不会影响到整个系统的运行。在去中心化的模式下，这种跨境支付，能够保证贸易双方的信息公开透明，从而降低因为信息不对称引起的风险。

二、利用数学算法构建贸易双方的信任关系

对于国际贸易来说，信任是交易能够发生的基础，没有了信任也就没有了国际贸易。区块链利用共识的算法，在交易双方间搭建一座"信任"的桥梁。在这个系统中，发生的每笔交易，都公开发布，接受所有节点的校验，并确认交易的真实性，然后写入链中。区块链技术确保发货信息、资金支付信息真实可靠，这降低了传统国际贸易中双方支付结算的风险。

三、利用无法篡改的特性保证信息真实有效

在区块链中，一旦信息被写入区块链，就将永久地存储起来，并且无法被篡改，这保证了其系统中数据的稳定性和可靠性。在国际贸易中，一旦完成了跨境支付，信息就不可更改，这样能保证进出口贸易信息的真实有效。

四、完全开放的系统保证了国际贸易能够公开有效地运行

在区块链的系统中，整个运作都是公开透明的，每一个节点之间的数据交换是不需要相互信任的，高度透明的系统保证国际贸易的公开有效运行。

从上面区块链的四个特性可以看出，区块链技术非常适合应用在国际贸易的跨境支付中，那么基于区块链技术新的跨境支付，与传统电汇支付相比有哪些优势呢？

首先，降低了跨境支付的风险。

从本节上面的电汇支付的风险分析，我们知道传统跨境的最大风险就是，无法保证进口商资金支付、出口商的货物发货信息是否真实有效。进口商电汇之后，对于中间的支付环节没法详细了解，也不能干预资金的转移支付，对于出口商的发货信息也无法及时了解，这样不透明的交易过程，让交易双方都存在风险。

而基于区块链技术的跨境支付是在区块链基础上进行的，当进口商在区块链上进行支付后，并没有收到真实有效的出口商发货信息，那么在一致性校验环节时，进口商可否认这次的支付信息，那么出口商将无法收到该笔货款，这样就有效降低了国际贸易中的支付风险。

其次，提高了跨境支付效率。

在传统的跨境支付中，手续非常复杂，需要多方机构共同参与。利用了区块链支付的新跨境支付，不需要复杂的信息同步和对账，能大大提高跨境支付的效率。

最后，节省了银行业务资源。

在传统跨境支付中，银行之间采用权威的中央交易方来为借贷双方支付结算。为了降低交易风险，每一个银行都有一个关联银行，并且每个关联银行都必须有准备金，因此如果是跨境支付需要大量的准备金，这对银行有限的资源是一种浪费。

在区块链支付体系中，摆脱了中间关联银行的参与，可直接进行实时支付，每家银行只需一个储备金账户就可以了，这样能节省大量的备用资本金，能大大节省银行的资源。

目前，区块链技术在跨境支付领域还处在萌芽阶段，但是区块链技术的诸多优点是显而易见的，相信未来区块链技术能在跨境支付方面取得新的进展。

区块链与个人征信

普通人需要贷款买房买车，还有的人需要资金的周转，传统征信在方便个人信贷、辅助金融授信决策等方面发挥了关键的作用。但是随着互联网金融的快速发展，其局限性也开始体现出来。一方面，我国还有 5 亿左右的人口没有挂牌金融机构的征信记录；另一方面，互联网上有大量与个人征信有关的数据，没有被采用。

近年来，随着惠普金融的迅速发展，尤其是网贷、消费金融等行业的发展，个人征信的问题成为信用行业的关注焦点。

首先我们了解一下我国个人征信的现状。

1. 目前我国个人征信还处在初级发展阶段，个人征信体系以央行征信为主，个人征信还没有进行市场化运作，牌照也暂未发放。与全球征信的巨头美国相比，我国的个人征信市场还有很大的发展空间。

2018 年 1 月，央行发布了《关于百行征信有限公司（筹）相关情况的公示》，百行征信的业务范围主要为个人征信业务，由中国互联网金融协会持股 36%，腾讯征信、芝麻信用、前海征信、拉卡拉征信、中智诚征信、中诚信征信、鹏元征信和华道征信等八家试点机构各自持股8%。

2. 个人征信需求增加。信贷的规模决定了征信市场的大小，从2015年以来，我国消费信贷就保持持续增长。消费信贷的快速增长，为个人征信带来了市场基础，也给个人征信机构的业务提供了市场空间。随着互联网金融爆炸式的增长，征信已经无法满足互联网金融行业发展的需求。

3. 个人征信覆盖人群少，个人信用意识薄弱。截止到2017年11月，从央行的征信中心来看，收录的自然人为9.5亿人，有贷款记录的约4.8亿人，央行的个人征信覆盖率为50%左右，而美国早在2014年就已经达到了92%。

据调查，有超过10%的人不关心自己的个人征信，30%的人不了解自己在央行的个人征信情况，40%的人不知道央行的不良征信如何消除，可见我国居民对个人信用的意识非常淡薄。

4. 征信机构独立性不足，数据孤岛难以打破。数据是征信的基础，我国80%的数据都掌握在政府的手里，但是政府对很多数据都不开放。

虽然互联网巨头占据渠道和场景等优势，拥有海量的数据，但是它们掌握的数据被限定在特定的场景下，数据还是有限。每家企业的评分结果是否可以用到别的场景还有待验证。并且因为互联网对数据的归属权问题无能为力，在没有明晰产权并做好保护工作的情况下，没有公司会轻易分享，这些征信数据是非常珍贵的，可以说是企业的核心竞争力。

个人征信市场还存在着一些敏感数据、冲突数据等问题，这些都是传统中心化互联网平台无法解决的。时代的发展需要一种新的理论框架来解决这些问题，恰好基于区块链的去中心化征信系统应运而生。

因为区块链的去中心化、去信任、时间戳、非对称加密和智能合约等技术，可以在技术上保证在保护数据隐私的基础上实现有限度、可掌控的信任数据共享和验证。针对本节上面分析的现状与不足，进行重点改进。比如可以构建一条基于区块链的联盟链，搭建征信数据共享的交易平台，来实现各行各业的数据共享，促进参与交易方的最小化风险和成本，加快信用数据的存储、转让和交易。

在这个征信平台上，平台的节点成员包括征信机构、用户、其他机构（互联网金融企业、银行、保险、政府部门等）。这个交易平台共享的交易模式有两种：一种是征信机构之间的共享部分用户数据，一种是征信机构从其他机构那里取得用户信用数据形成信用产品。

我们再来看看如果把区块量用到个人征信系统中，与传统个人征信相比会有什么样的优势。

区块链技术能够让多家征信机构，在数据资源不泄露的前提下，实现数据多源交叉验证与共享，这样就可以解决目前个人信贷市场存在的信贷客户多头负债的问题；通过区块链技术，还能有效降低数据交易的成本、组织协作的成本，这样有助于打破行业的壁垒；区块链技术将会重构现有的征信系统架构，把信用数据当作区块链上的数字资产，进而有效遏制数据的造假问题，保证了信用数据的真实性。

这个新的个人征信平台，可以帮助用户确定自身的数据主权，生成属于自己的信用资产；这个平台可以把各个企业与公共部门连接起来，进而开展用户数据授权，从而解决了"信用数据孤岛"的问题，此外还确保用户的隐私安全及各方源数据的保密；这个平台让各个征信机构成为一个网络节点，通过加密的形式存储和共享用户在本机构的信用状况，实现了信用资源的共享共用。

这个区块链个人征信平台，可以用较低的成本来拓宽数据的采集渠道，对于那些多余重复的数据还能消除，从而规模化地解决数据的有效性问题。这个新的平台去除了一些不必要的中介环节后，把整个行业的运行效率都提升了。此外，区块链技术使信用评估、定价、交易与合约执行的全过程都能自动化运行与管理，降低了人工与柜台等实体的运营成本，大幅提高了银行信用业务处理规模。

在这个新的个人征信平台中，因为每一个节点都参与了系统的维护，所以不会出现因为系统中的某一个节点发生问题而不能运行的情况。只有当超过51%的节点出现问题，或是遭遇恶意袭击时，系统才会停止运行，这种情况出现的概率非常小。在这个平台上，不是所有的数据都会放在"链"上，也不是所有的数据都公开透明，除了参与数据共享的各方，不会有任何第三方能够获得数据。

在数据安全方面，区块链有着天然的优势，但区块链的私钥是用户自己生成并且自己负责保管的。如果私钥一旦丢失，用户原有的数字资产将无法找回。如果在个人征信系统中，用户遗失了自己的私钥，那么就无法为征信机构或者其他机构进行授权，征信机构就无法追溯到用户的信用数据。即便用户重新加入区块链，对于之前的信用数据，征信机构也无法追溯，这将会影响用户的信用资产，造成利益的损失。

虽然区块链技术的个人征信的应用前景值得期待，但是因为传统征信业在征信系统和基础设施方面投入了大量的资源，在新旧系统的过渡与衔接方面还存在着较大的成本替代风险，区块链在个人征信领域的应用将遭遇较大的挑战。

区块链开启数字经济时代

每一次科技革命和产业变革都会引起世界格局的变化，在信息通信技术正在驱使全球经济数字化转型的时候，一场新的变革正在酝酿。拥有"数字经济之父"之称的 Don Tapscott（The Tapscott Group Inc. 首席执行官）认为，将会影响未来几十年最大的黑科技已经到来，它不是社交媒体，不是机器人，不是数据，也不是人工智能，它就是比特币的底层技术——区块链。

区块链将会对金融、商业、政务、医疗以及整个社会产生非常深远的影响，以前我们拥有的是讯息互联网，未来我们将拥有全新的价值互联网。在讯息互联网时代，我发给你邮件或者 PPT 等东西，给你的只是一个复制品，而不是原件。但是对资产来说，像钱或股票和证券这类金融资产，还有会员点数、知识产权、音乐、美术以及公民投票这类的东西，不会有人想要复制品。

我们的这类数字资产的保管，完全依赖于那些大中介在经济中建立信任。这些大中介包括银行、政府、大型社交媒体公司、信用卡公司等，它们的业务面非常广泛，从身份验证、清分、结算和记账，无所不能。

但是这样大型集权的公司、机构，其存在的问题也非常严重，容易遭到黑客的攻击，一旦被攻破，引起的后果将是非常严重的。此外，因为这些中心化公司的存在，人为增加了很多的成本，像跨国汇款时抽佣10%—20%，并且速度还非常缓慢。这让数据货币化严重受阻。

因此我们需要一个价值互联网，需要一个巨大的，遍布全球的账簿，运行于成千百万电脑之中，让每个人都使用。在这个账本里，任何类型的资产，从钱到音乐，都可以被储存、转移、交易、互换，并加以管理，这里没有任何有权势的中介存在，价值自身便拥有媒介。这个价值互联网的底层技术就是区块链。

在讯息互联网时代，是那些掌管着不同的支付系统的企业来负责在账本上记账，比如微信的账本由腾讯来记，淘宝的账本就由阿里来记。这种记账方式一方面是让我们清楚地了解到自己的钱花到了哪里，另一方面如果出现支付纠纷时，能为我们提供一个可供查证的依据。但是这些为我们记账的公司，如果被黑客攻击了怎么办？如果它们的系统存在漏洞怎么办？如果它们倒闭了怎么办？如果它们自己出错了又怎么办？难道我们不能自己来为自己记账么？

在现有的互联网支付环境中，我们没有掌管自己账本的权力，所以只能信任这些手中拥有账本的人。但区块链的技术，让我们每个人都有参与自己记账的权利。在这个分类账本上，我们每个人都是独立的节点，我们每笔交易的产生、转账、最终交易都被记录在"区块"上，被公布在该网络的所有节点上，节点之间通过共识机制达成共识。节点成员可根据权限去查阅相关交易的记录，但是任何节点都无法控制和更改数据，除非你控制了超过整个网络的51%的节点，这个基本不能达到。

因为区块链，是由区块与前面2个不同的区块相连创造出来的，在每一个区块上都打上一个时间戳，如果想黑掉一块区块，就需要将之前所有的区块都黑掉，也就是那条区块链上的所有交易历史。这些交易历史并非只存在于某一台电脑上，而是存在于数百万台电脑，并且它们都使用了高级的加密技术，所以想要篡改记录很难成功，这保证了区块链系统的安全性。

引用了区块链技术之后，中央账本就不复存在了，所以也不会出现中央账本被窃取和损毁的事情。每一个用户都可以看作一个节点，每一个节点都是系统的一个部分，各个节点在系统之中具有同等的记账权力，而每个节点都掌控着一本一模一样的账本。这时如果想要毁坏这些账本，单纯地侵入某个节点是没有用的。

另外区块链还可以做智能合约，这个合约是一个能自我执行的合同。通过这个合同我们可以处理计划的执行、管理、日常工作，可以支付给交易所的费用，这样就大大缩减了交易的时间并且降低了交易费用。

区块链还可以把数据货币化，把你自己产生的数据碎片收集起来，构成你的一个镜像，就像是一个虚拟的你。这个虚拟的你能够为交易提供担保，担保之后这个虚拟的你还会把所有的数据清除干净，将我们的隐私很好地保护起来。这个强大又贴心的虚拟的你，是不是很让你期待呢？

区块链技术可以构建一个更加可靠的互联网系统，能从根本上解决在价值交换与转移中存在的欺诈和寻租现象。区块链技术可以摒弃中介，简化交易流程，降低一些不必要的交易成本及制度性成本。如果把这些有利之处应用于许多社会领域中，对改善当前低迷的经济环境有着现实的意义。

区块链引起了全世界的关注，许多国家认识到了区块链技术巨大的应用前景，开始从国家层面设计区块链的发展道路。当然，中国政府也主动拥抱这一新的科技。2016 年底时，"区块链"被首次写入《"十三五"国家信息化规划》。2017 年，区块链在更多领域的应用开始相继落地。全球正在跑步进入"区块链经济时代"。

除了在金融行业的应用，区块链在物流、互联网、政务、医疗等领域也开始进入应用阶段。区块链在应用领域的创新，昭示着产业创新和公共服务的新方向。

从公共服务上来看，目前区块链技术正在积极探索在公共管理、社会保障、知识产权管理及保护、土地所有权管理等领域的应用。从经济社会来看，新型的产业协作模式也开始建立起来，许多基于区块链的解决方案，能够改善现有的商业规则，重新构建一个新型的产业协作模式，从而提高协作流通的效率。

之所以说区块链技术开启了数字经济时代，就是因为它从技术的角度构建出互联网的信任体系。在数字经济时代，信任可以说是一切的基石，没有了信任，任何交易都将是充满危险的。区块链能够提供一种新型的社会信任机制，从而确保数字经济的健康发展。

互联网技术的发展给人类社会带来了巨大变革，区块链技术将是人类文明进程中的下一个技术革新力量。作为一项基础性的互联网数据库技术——区块链技术，凭借其独有的公开、透明、不可篡改等优势击中了诸多行业的应用痛点，将会为数字经济的发展带来巨大的革命与创新，也将推动数字经济走向更远的未来。